Ⓢ新潮新書

手嶋龍一　佐藤 優
TESHIMA Ryuichi　SATO Masaru

知の武装

救国のインテリジェンス

はじめに

戦後の日本に突然変異のように現われた、インテリジェンスのプロフェッショナル。それが「外務省のラスプーチン」こと佐藤優氏だった。

モスクワに異能の士あり——。そんな情報を耳にしたのは、米ソ冷戦が終幕にさしかかっていた頃だった。当時、私はNHKのワシントン特派員として、西側同盟の統帥部ホワイトハウスを担当していた。寒い国から発出された第一級の極秘電のことが漏れ伝わってきたのだ。

日本の外交官の筆になる公電は、クレムリンの奥深くで生起する動きを探ったものにとどまらなかった。ソ連共産党のゴルバチョフ書記長が手がける独自の改革「ペレストロイカ」と情報公開「グラスノスチ」は、全体主義の体制そのものを揺るがしつつある——。佐藤極秘電は、雄大なスケールを湛えて、優れたインテリジェンスを秘めていた。

ソ連社会は少しずつ変わりつつあったのだが、KGB（国家保安委員会）がなお「鉄の支配」を緩めてはいなかった。こうした状況下で機密情報を手に入れることは、どれほど難しかったことか。だが苛烈な情報統制こそ、少壮の外交官を鋼のように鍛え抜いたのだろう。彼は幾重もの壁を乗り越えて、クレムリンの中枢に肉薄していった。

誤解のないように言い添えておくが、彼はモスクワで諜報活動に携わっていたのではない。そんなものに携わろうにも、当時の日本には、いや日本版NSC（国家安全保障会議）が設けられようとするいまでさえ、対外情報機関などこの国には存在しないのだから。インテリジェンスとは、国家の舵取りを委ねられた指導者がその命運を賭けて下す決断の拠り所となる情報を意味するのだが、佐藤優氏こそ真の意味でインテリジェンスのプロフェッショナルだった。

不幸な事件に巻き込まれて外務省を逐《お》われた後も、インテリジェンス・オフィサーとしての輝きは衰えなかった。小菅の独房でチェコ語を学び直し、広辞苑を一頁、一頁読みすすみ、膨大な書物から養分をおもうさま補給したことで、「知の武装」をラディカルに成し遂げたのだった。

五百十二日に及んだ「ラスプーチン大学院」を卒《お》えて娑婆に復帰したばかりの佐藤優氏に、思いもかけず新潮社の玄関ロビーですれ違ったことがある。彼は『国家の罠』を、私はインテリジェンス小説『ウルトラ・ダラー』を上梓することで新たな歩みを始めようとしていた折だった。互いの編集者はどきりとした様子だった。ふたりは対極にあって対峙していると思い込んでいたからだろう。

私達が片隅に身を寄せて言葉を交わしたのはわずか数分だった。あなたの弁護士である「ヤメ検」をはじめとして、司法関係者は外務省が独占している条約の有権解釈権の絶大さを見落としている。司法の責任を問われるとしたら決裁をくだした条約局の首脳陣に他ならない——そう助言した。この人をこのまま埋もれさせてはならないと考えたからだ。

幸いなことに、佐藤優氏はひとまわりもふたまわりも大きくなって復権した。本書ではその成果を惜しみなく読者に披瀝している。優れたインテリジェンス・オフィサーは、官僚機構が占有している極秘情報なるものを必ずしも必要としない。自分なりのビッグ・データを日々耕し、インテリジェンス感覚を研ぎ澄ましておけば、新聞のちょっとしたベタ記事から近未来に生起する変事を察知できる。鋭い読者なら、本書からその技法とセンスを汲み取っていただけるはずだ。

この国の将来を担う人材が在野から育ち、近隣の国々からも尊敬のまなざしを向けられるような国に変革してほしい――そう願って本書を編んだ。北清事変に際して列国の軍隊を率い、その公正さから「日本陸軍に柴五郎あり」と言わしめたような人材が再び出てほしいと思う。会津藩士の子、柴五郎の薫陶を受け、後に「露探」として極東に身を潜めた石光真清《まきよ》。そしてヒトラーのドイツとスターリンのソ連が「悪魔の盟約」を結んだ直後にリトアニアに赴いて類まれなインテリジェンス・ネットワークを築きあげた杉原千畝《ちうね》。彼らのような傑出したインテリジェンス・オフィサーたちの血脈はいまの日本にも受け継がれているはずだ。まだ見ぬ救国の逸材たちに本書を捧げたいと思う。

手嶋龍一

知の武装　目次

Ⅱ　深　層

写真提供

53ページ　AP／アフロ
55ページ　朝鮮通信＝時事
57ページ　朝鮮通信＝時事
63ページ　AFP＝時事

Ⅰ 激流

第一章　アジア安保としての東京オリンピック

東京支援に動いたロシア

佐藤　インテリジェンスとは、膨大な一般情報を意味するインフォメーションから、きらりと光る宝石のような情報を選り抜いて、精緻な分析を加えた情報のエッセンスをいいます。それは、一国の政治エリートが誤りなき決断をくだす拠り所になるものです。
それゆえ、極めて政治的な営為なのですが、いまの日本では、当事者である政治エリートが主観的に意識していないところで、大きな構造が動いてしまっています。ここが情勢の分析を難しくしているところだと思うんです。日本の当事者たちは、自分の周辺のミクロ的かつ短期的なことしか考えないで懸命に動いている。ところが国際政治の現場では、マクロ的かつ構造的な変化が生じているわけですよ。

たとえば、東京オリンピックをめぐる日本の動きが大変にわかりにくいものとして、各国の情報のプロの眼には映っています。

手嶋　それではインテリジェンスの視点から、今回の二〇二〇年東京オリンピックの決定劇を佐藤さんと読み解いてみたいと思います。

オリンピックは「スポーツの祭典」ということになっていますが、その時々の国際情勢を見事に映し出してきました。ヒトラーがレニ・リーフェンシュタールに『民族の祭典』として映像で記録させたベルリン・オリンピック（一九三六年）、パレスチナの過激派による史上最悪のテロに見舞われたミュンヘン・オリンピック（一九七二年）、ソ連のアフガニスタン侵攻によって西側諸国の多くがボイコットしたモスクワ・オリンピック（一九八〇年）、その報復としてソ連をはじめ東欧圏などがボイコットしたロサンゼルス・オリンピック（一九八四年）と、まさしく激動の現代史がそのまま刻まれています。

佐藤　一九四〇年に開催されるはずだった幻の東京オリンピックも忘れるわけにはいきません。一九三七年から始めた日中戦争に国際社会から非難が浴びせられ日本は開催を中止。代わりにヘルシンキで開催されることになったものの、一九三九年に第二次世界大戦が始まったことで、開催を断念しなければならなかった。オリンピックとは、国際政治そのものと言っていいんですよ。

手嶋　今回の二〇二〇年東京オリンピックの開催地を決める最終局面では、プーチン大統領率いるロシアは、東京開催に好意的だったと言われます。その最大の理由は、安倍晋三総理が率いる日本が、アメリカと微妙に距離を置いていることを評価したからだと、オリンピックのオブザーバーは揃って指摘しています。

佐藤　東京、イスタンブール、マドリードが三つ巴で、最後の多数派工作を繰り広げていた二〇一三年八月十九日に、モスクワで行われた杉山晋輔外務審議官とロシアのモルグロフ外務次官による次官級協議から、重要な流れを読みとることができます。この席で「九月五日を軸に日ロ首脳会談を行う」と決定したのですが、ロシア側はこれを日本側の極めて大胆な政治決断だと受け止めたんです。

その背景には、同年六月に起きた「スノーデン事件」があります。米ロ関係を冷やし、米中関係にも影響を与えたこの事件は、後に詳しく検証しますが、スノーデンCIA元職員の送還をめぐって、アメリカと亡命先のロシアとの関係がにわかに悪くなっていたのです。その後、アメリカのオバマ政権が米ロ首脳会談をキャンセルしたことを、プーチン政権は「難癖」だと受け止めた。そもそもアメリカのインテリジェンスがスノーデン捕捉・拘束作戦に失敗したのがこのトラブルの原因なのに、その失敗のツケをロシアに回し、挙句の果てに早く送還しろと文句を言ってくる。これはどういうことだ、というわけです。

手嶋　そんな状況下で、アメリカの緊密な同盟国である日本は日ロ首脳会談を決断してえらい、安倍総理の決断は勇気がある、とロシア側はこう受け止めたわけですね。実態はともかく、オリンピックの開催でロシア側の三票が何としても必要だった日本にとって、そう受け取ってもらえたことは、まことに幸いなことでしたね（笑）。安倍総理は運が強い。

佐藤　もう一つ、日本ではほとんど報道されなかったことですが、ロシアで「同性愛宣伝禁止法」が議会で成立し、これが西側諸国からは大変な顰蹙を買っていました。このロシア批判の流れが収まっていない中で、安倍総理はプーチン大統領と会う決断をしたことも、好意的に受け止められた一因です。西側世界と価値観を共有している国家のリーダーである安倍総理が、大きな政治的リスクを取って決断してくれたと、ロシア側は高く評価したわけです。

プーチンの美しすぎる誤解

手嶋　こうした最中《さなか》、シリアのアサド政権が大量の化学兵器を保有し、反政府側に使用した疑惑が持ちあがりました。アメリカは軍事攻撃の構えを見せ、アサド政権と緊密な関係にあるロシアはこれを阻止しようと動き、米ロ関係は一段と冷え込んでいきました。イギリスの下院は、アメリカと共にシリアに軍事介入する議案を否決し、ドイツなど欧州同盟国の多くも軍事介入を支持しようとはしませんでした。苦しい立場に追い込まれたオバマ政権にとっては、東アジアの有力な同盟国、日本の支持は何としても取り付けておきたかったと思います。

とはいえ、これまでオバマ政権は安倍政権に対してはじつに冷ややかな対応しか見せてきませんでした。安倍総理が二〇一三年二月、ワシントンを訪れた際、オバマ政権は粗略きわまりない扱いをして、大統領は共同記者会見に時間を割こうともしませんでした。その後も、国際会議で顔を突き合わせていながら、オバマ大統領は短時間の日米会談にも応じませんでした。にもかかわらず、シリア問題でアメリカが孤立すると初めて日本を頼りにする。シリア問題が起きてから、急に「微笑み」で対するようになったのです。このような即物的なオバマ外交は、あまり感心しませんね。これでは超大国の品格を問われてしまいます。

佐藤　同年九月上旬にロシアのサンクトペテルブルクで行われたG20（二十カ国・地域首脳会議）では、日本政府は、アメリカの緊密な同盟国としてシリア空爆への明示的な支持をオバマ政権から期待されていたのですが、「安倍総理は言を左右にして明確な支持を与えなかった」というのがロシア側の認識です。実際、安倍総理は「アメリカは非人道的行為を食い止める責任を果たしており、心より敬意を表する」と曖昧な発言しかしていない。しかし、日本政府はアメリカの軍事侵攻を強く支持するものだと思っていたプーチン大統領は、これに大変な感銘を受けるわけですね。安倍総理という人は大変な胆力の持ち主だと。

手嶋　東京オリンピックの招致という観点からは、プーチンの「美しすぎる誤解」は幸いでした。しかしながら、日本外交の実態を知りすぎている者にとっては、苦笑せざるをえませんね。アメリカの軍事侵攻を「理解」に留めるのか、「支持」するのか。どのような論理に基づいて正当化するか。この権限を一手に握っているのは、外務省の「条約官僚」と呼ばれてきた人々です。国際法や条約など国際約束の有権解釈権は、選挙で選ばれた政治家ではなく、外務省の「条約官僚」に委ねられてきたのです。法律にもそう記してあります。彼らは官僚ですから、基本的に保守的かつ前例主義です。積極的に武力の行使を正当化したり、支持したりはしません。しかし、彼らが筆を執った安倍総理の発言要領は、プーチン大統領から見ると、同盟国のアメリカに抗って見えるほどに立派だったのでしょう。

佐藤　ただ今回に限って言えば、外務省側はもう少し強めの表現で「アメリカ支持」を打ち出したかったのに、総理官邸が文句をつけてきたらしいという話が霞が関内部から聞こえてきています。

手嶋　今回の事態は大変入り組んでいて複雑です。日本の外交当局は、慰安婦問題などをめぐってオバマ政権が安倍政権に冷ややかな対応を見せ、日米関係があまりよくないものですから、オバマ政権がシリア攻撃の決意を固めた早い段階で、「アメリカの軍事力の行使を支持する」という方針を早々と打ち出しました。ところが、軍事行動を共にするはずだったイギリスのキャメロン政権が脱落し、他の欧州諸国の支持も集まらなかった。加えて、オバマ大統領も武力行使を自ら決断せず、議会に承認を求め、結果として下院の支持を取り付けるメドがたたなかった。日本の外交当局の読みは惨めなほどに外れ、「アメリカ支持表明」はフライングに近いものになってしまったんです。

総理官邸も、G20で、日本だけがアメリカ寄りの姿勢を示すのはいかがなものかという判断があったのでしょう。見通しを誤った外務省の発言要領にやすやすと乗るわけにはいかないという感情もあった。とはいえ、かつて出した外務省の発言要領をあまり後退させるわけにもいかなかった。それで、ああいう発言になったのです。

佐藤　安倍首相のシリア問題をめぐる表現ぶりはかなり慎重でしたよね。しかしながら、四月二十九日にモスクワで行われた日ロ首脳会談の日ロ共同声明で、安倍総理とプーチン大統領はアサド政権の存続を認め、シリア問題の平和的解決を支持したわけです。ロシア側はこうした時系列の流れで見て、安倍政権はぶれがないと評価しているんですね。

手嶋　さきほども述べたように、五輪開催決定のためにロシアの協力が何としても必要だった日本にとって、こうした見立てはまことにありがたかったことでしょう。いつになく良好な雰囲気の中で、九月五日、サンクトペテルブルクで再び日ロ首脳会談が開かれた。

佐藤　この日ロ首脳会談の席で初めて、外務・防衛担当閣僚会議、いわゆる日ロ版の

「2プラス2」が同年十一月に東京で開催されることが決まりました。プーチン大統領は「あなたのイニシアチブによって、我々の外務大臣と国防大臣の二人を十一月の初めに東京に行かせることになった」と発言しました。「あなたのイニシアチブによって」、これはロシア語では По Вашей инициативе（ポ・ヴァシュイ・イニシアチーヴェ）と言いますが、僕は重要なキーワードと見ています。つまり、この会議を開くにあたっては、双方の側に何らかの「障壁」があったが、それを安倍総理の「イニシアチブ」で突き破ってくれた、とプーチン大統領が捉えていることを意味しているからです。おそらく、日本の外務官僚、防衛官僚、そしてアメリカは日ロの接近を邪魔しているというインテリジェンス報告が、プーチン大統領のもとに入っていたのでしょう。プーチン大統領は、この一件でも、安倍総理の指導力を評価したと思います。

手嶋　安倍総理の側近の証言でも、そのとき彼はオリンピック招致の大勝負のことで頭がいっぱいだったようですね。G20は麻生副総理に任せ、早々に国際オリンピック委員会の総会が開かれるブエノスアイレスへと発っていきました。誇り高いプーチン大統領の主催する重要会議を中座するなどというのは、普通なら彼の怒りを買いかねない行動です。

佐藤　ところが、これもプーチン大統領は、日本にいいように解釈してくれました。「安倍はギリギリまでアメリカのオバマに抵抗した。しかし、これ以上ここに長居をすると、オバマ政権に詰め寄られ、シリア攻撃を支持させられてしまうかもしれない。安倍は逃げるが勝ちと考えて、早めにG20を立ち去ったのだ」と。手嶋さんが言うように安倍さんは本当に強運です。

手嶋　現実の政治では、時折、こうした「予期せぬドラマ」が起きます。自らが思い描いた戦略、政略を超えて、打った布石が当たってしまうということが。日露戦争の際もそうでしたが、勝ち戦とはえてしてそういうものなのでしょう。東京オリンピックの招致も、いわれているよりかなりの接戦だったのですが、最終段階に入って、ロシア票も含めてかなりの票が転がり込んできた。

佐藤　東京開催が決定した直後の九月十日には、プーチン大統領は安倍総理に開催決定を祝う電話をかけ、二人はまた直接話しこみます。この電話で安倍総理は「化学兵器の国際管理をシリアに呼びかけるとのロシアの提案を支持する」ときっぱりと表明するのです。相手が言ってほしいと思っていることをお互いが先に言っている。日ロの首脳はもう、こういう関係なんですよ。

日ロ決勝戦に公正な審判を

手嶋　「予期せぬドラマ」と言えば、この日ロ電話会談のブリーフィングをした世耕弘成内閣官房副長官は、図らずもじつに面白いエピソードをメディアに披露していましたね。あくまでジョークだと断った上で、プーチン大統領が「東京オリンピックでは、ロシアの柔道家が金メダルを獲得することが難しくなるのではないかと少し心配をしている。審判は客観的なものであることを期待する」と話したと明かしたのです。これに対して、安倍総理は「柔道の決勝戦は、日ロになるのではないか。公平な審判をさせるように心がける」と応じたそうです。かつて日欧のメディアに対して、プーチンは北方領土交渉を柔道になぞらえて、「引き分けで行こう」と言っているのですから、意味深長だなあ。

佐藤　これは、単なるジョークなんかじゃありませんよ。柔道にことよせて、北方領土交渉の話を絡めている。ニュアンスに富んだ政治的メッセージというものはそういう趣があるんです。

そもそも日ロが今のような関係になったのはなぜか。それは二〇一三年六月、日本の外務事務次官が替わり、齋木昭隆体制になったからです。外務省は北方領土問題を本格的に動かそうとし、そのための色々な計算や駆け引きが始まっている。シリア問題におけるロシア支持もこの一環でしょう。

仮に先行して一島返還が決まったとしましょう。でも、すぐに歯舞、色丹が日本側に引き渡されるかというと、すごく深刻な問題を抱えています。現行の安保体制では、日本が実効支配している全ての領域に、米軍は展開できることになっているからです。

手嶋　だからこそ、かつてクリントン国務長官が「日本の実効支配は尖閣諸島に及んでいる」と断じた意味は重大なのですね。尖閣が武力で中国から侵されれば、日米安保条約第五条に基づいて米軍の武力が発動されるのですから。

佐藤　ロシアは、日本政府が非軍事化を約束しない限り、二島の返還には応じないでしょう。この二島に米軍が入ってくることをロシア側は絶対に避けたいわけですから。一方で日本の安全保障から考えた場合、この二島の非軍事化はそれほど大きな問題にはならないはずです。残る問題は「北方領土内の非軍事化を認める」というハードルを日本側が越えられるかどうか。外務省内ではアメリカ・スクール（安保マフィア）とロシア・スクールの間には考え方に溝があり、面倒ないさかいが持ち上がるでしょうけどね。

手嶋　ここは齋木新外務次官の力量拝見というところですね。こういう官庁内部の抗争では、最終的には事務次官しか始末をつけられないものですから。二〇〇九年五月、谷《や》内《ち》正太郎外務次官（当時）は、三・五島返還論に触れて国会の審議で批判を浴びました。しかし、谷内発言の隠れた焦点は別のところにあった。

佐藤　そうです。「返還された北方領土の非軍事化を認めていい」、これが谷内発言の核心だったのです。谷内さんという外交官らしい大胆なクセ球でした。

尖閣防衛の盾、東京オリンピック

手嶋　「新興の軍事大国・中国が尖閣諸島を窺う中で、二〇二〇年の東京オリンピック開催が決まったことは、東アジア政局の節目の一つとなった」――。後の歴史家がこう記す日が来るかもしれませんね。

佐藤　尖閣問題をめぐっては、日本側で一番マッチをすりそうな人は猪瀬直樹東京都知事だったわけですが、彼も慎重に振る舞わざるをえなくなった。石原慎太郎前都知事は尖閣諸島国有化後も、集まった基金で灯台や船だまりを作ると公言していました。その後継者である猪瀬知事もまた、自らの著書でこれらを建設すると宣言してきましたが、もうマッチをすれなくなっちゃった。もし本当に実行すれば、中国は東京オリンピックをボイコットしてくるでしょうからね。こうした流れは大きな変化です。

手嶋　オリンピックの歴史を辿ってみても、政治的な理由でしばしば参加ボイコットが起きていますよね。

佐藤　若い方々は知らないでしょうが、東京オリンピックは今回も含め三度決まっているんです。先にも触れたとおり、一度目は昭和十五年、一九四〇年に決まっていたのですが、日中戦争等の影響を考慮して一九三八年に日本政府が開催中止を決定し、東京の代わりにヘルシンキ（フィンランド）で行われることになったのです。結局これも、一九三九年の第二次世界大戦勃発で中止になった。そういう意味では、二〇二〇年の東京オリンピック開催まで、東アジアの平和を何としても守らなければ、再び東京オリンピックは幻になってしまう怖れがあります。日本だけでなく、中国など周辺の東アジア諸国も含めて、紛争を起こすわけにはいかなくなったんです。

手嶋　さらにもう一つ、安倍総理がＩＯＣ総会出席を機に、福島第一原子力発電所の汚染水封じ込めを国際公約にした。これは大きな意義があったと思います。当の東京電力さえ、この処理は自分たちの手に負えないと思っていたのですから、安倍政権が前面に出て国際社会に責任を持つと宣言したことはよかった。

佐藤　民主党の野田政権時代に原発事故収束を宣言（二〇一一年十二月）したにもかかわらず、汚染水問題が深刻化し、安倍政権は国際社会からの厳しい批判にさらされていましたからね。つまり、二〇二〇年の東京オリンピックが決まったことで、認識の枠組み自体が変化しているんですよ。中国とは戦争を起こさない。韓国ともこれ以上関係を悪化させない。こうした方向に外交姿勢をシフトさせていくことが一つ。そして、福島第一原発の封じ込めを国策として遂行していくことが一つ。これは国際的にも外交的にも非常に重要な変化なんですね。

にもかかわらず、メディアはもっぱらオリンピックについて「アベノミクスの第四の矢」などと論評して、株価やインフラ面など経済的な側面や公共投資の観点でしかオリンピックを論じていない。いつから日本人は、こんな情報感度の鈍い国民になったのでしょうか。

手嶋　東京オリンピックの開催は、たとえてみれば、尖閣諸島に国連の環境関連機関が設立されたようなものと言っていいでしょう。もし中国が本気で奪取しようと軍事攻勢でも仕掛けようものなら、平和の祭典をぶち壊した張本人として国際社会の厳しい批判にさらされることは間違いありません。日本の実効支配は国際的に明らかですから、あまりに分が悪い。つまり、さしもの中国も、うかつに尖閣諸島に手を出せなくなったはずです。

尖閣問題はもちろん、シリア問題も竹島問題も、いわば「オリンピックの人質」に取られてしまったわけです。ただし、ロシアが北海道の北半分を奪取しようと試みているわけではないし、韓国も対馬を奪い取ろうとはしていない。ここが中国との違いです。その点でも、開催決定を機にロシアや韓国との関係改善に動き、中国を平和の祭典に引きずり込む戦略を推し進めるべきなのです。

歴史のなかの東京オリンピック

手嶋　安倍総理は、日本の政治家には珍しく、スピーチ・ライターを抱えています。ジャーナリストから外務省の外務副報道官に政治任用され、その後、安倍官邸に内閣審議官として迎えられた谷口智彦氏です。私が教授を務めている慶應義塾の大学院では、彼に国際政治・経済システム論を講じてもらっているのですが、その講義はじつに秀逸なんです。

彼の講義の一コマに、「戦後史の節目としての一九六四年東京オリンピック」というのがあります。開会式で最終の聖火ランナーを務めた坂井義則君が、原爆が落ちた昭和二十年八月六日に広島で生まれたというエピソードを紹介しつつ、東京オリンピックは、先の大戦で徹底的に打ちのめされた日本が、国際社会に雄々しく復権する舞台となったことを、様々な例証をあげて論じているのです。この青年によって聖火がともされ、その上空には航空自衛隊のブルーインパルスが姿を現し、見事な五色の大輪を天空に描く。それは完璧なほどのミリタリズムに彩られており、戦後のニッポンはあのとき初めて真の主権国家として蘇った――と朗々たる講義は続きます。安倍総理は思想信条とぴたりと重なるスピーチ・ライターを見つけたものですね。

ただ、谷口智彦氏は、あの日のニッポンがあれほどミリタリズムを前面に押し出すことができたのは、アメリカの庇護のもと、日米同盟にまるごと身を寄せていたからだと怜悧に分析しています。この人は保守派にして日米同盟論者なのです。来《きた》るべき二〇二〇年の東京オリンピックは、敗戦国の復権の祭典でもなければ、土建国家の祭典でもない。光り輝くような民主主義の理念を体現して、東アジアの平和を先導する祭典にしなければなりません。

超大国の終わりの始まり

手嶋　超大国の終わりの始まり——。しばしばアメリカはこう形容されてきましたが、従来はレトリックの域を出ませんでした。ところが、シリアへの力の行使をめぐって、ふらつくオバマ政権を見ていますと、「超大国の終わり」が本当に始まっているのかもしれないと思ってしまいます。

佐藤　オバマ政権の迷走ぶりはシリア情勢を一層、混迷させてしまいました。乱暴なことを言えば、武力行使の可能性を秘めたこの種の問題は、わかりやすくやらなきゃいけないんです。武力を行使するという行為は、人類が誕生したときから、その本質はさして変わっていない。殺戮の武器を手に相手に立ち向かっていくのですから、究極の本性が露わになります。その限りでは、原始の部族闘争と何ら変わるところがありません。

つまり、「殺るか殺られるか」という単純明快な原理で貫かれている。「アサド政権は許せない」と武力行使するのであれば、ミサイルを撃ち込み、地上軍を突っ込ませて、アサド政権の要人を皆殺しにして傀儡政権を打ち立てる。さもなければ、「いや、他国の政治には介入しない」と決めて、完全に放置しておかなくてはいけない。ところがオバマ政権は「化学兵器を使用したかどうか」という中途半端なところにレッドラインを引いちゃった。

手嶋 オバマ政権の誤りの全ては、まさしくこの「レッドライン」にありました。オバマ大統領の意図としては、アサド政権を牽制するために、「化学兵器を使えば、レッドラインを越えたことになる」と警告したのでしょう。しかし、大統領にこう発言させるなら、シリアが実際に一線を越えてしまった場合に備えて、アメリカの国家安全保障会議（NSC）はシリアへ武力介入するシナリオも完璧に練り上げておくべきだったのです。あるべき政戦両略が不十分なまま、言の葉の政治に堕してしまったと言えます。

佐藤 レッドラインを越えたときには、大統領の決断だけで武力介入をやり遂げるのか、それとも上下両院の同意を取り付けるのか、全てのシナリオを練りに練っておかなければいけないのですが、オバマ・ホワイトハウスは大きな戦略を持ちあわせていなかった。

手嶋　オバマ政権の迷走ぶりは、すなわち、スーザン・ライス国家安全保障担当大統領補佐官が率いる国家安全保障会議が十全に機能していないことを物語っています。「アサド大統領がレッドラインを越えたらアメリカには覚悟がある」と警告しておきながら、実際には米議会の顔色を窺ってお墨付きをもらいにいき、どうも同意を得られそうにないとみたら、伝家の宝刀を引っ込めてしまった。不適切な例であることを承知で申し上げれば、ふだんは威張り散らしているやくざの親分が、いざ喧嘩というときにドスを抜かないことがバレてしまい、もう脅しはきかなくなったようなものです。上品に言い換えれば、安全保障上の「抑止力」がきかないことを国際社会に知らしめてしまった。これが冷戦後唯一の超大国が犯した罪であり、アメリカはいまその罰を受けているのです。

佐藤　戦後世界では当初、国連軍が悪を討つ役割を担うことが想定されていたんですが、米ソの対立もあって、ついに正規の国連軍は誕生しなかったんですね。国連の安全保障理事会は武力行使にお墨付きを与えるだけ。結局、湾岸戦争（一九九一年）のように、アメリカが中心となって多国籍軍を編成して国連軍の代役を担ってきたんですね。

手嶋　そもそも安全保障分野の「抑止力」とは、その奥底に「力の行使」の覚悟を秘めていなければ効き目がありません。誤解のないように申し上げておきますが、アメリカにシリアで軍事力を行使しろと唆《そそのか》しているんじゃありません。当然ながら戦争などないほうがいいに決まっています。しかし、究極の場合に武力を行使するという可能性を残しておかなければ、安全保障そのものが機能しなくなります。そもそも、アメリカ大統領の座に座るような人物なら、こんなことは本能的に知っているはずなんです。いまのシリア情勢に真っ向から立ち向かうつもりなら、武力行使から眼を逸らしてはいけない。超大国アメリカの歴史を振り返ってみると、ときには「力の行使」に踏み切ることには、リベラル派から保守派まで、知識人から草の根の人々まで、幅広いコンセンサスがありました。冷戦期も冷戦後も、抑止力として「力の行使」を最後のカードとしてその手に握りしめてきたのは、事実としてアメリカだけです。

そのアメリカの力の行使に一貫して忠実に従ってきたのが「血を分けた同盟国」と形容されたイギリスでした。ただこの同盟国も、一九五六年のスエズ動乱では、旧植民地勢力であるフランスと共に、西側同盟の盟主たるアメリカに一切告げずにスエズに兵を出したことがあります。アメリカのアイゼンハワー大統領とダレス国務長官は怒り狂い、英仏の軍事介入を頑として容認しようとはしませんでした。そのためか、市場ではポンドが売り浴びせられ、あっという間にイギリスは停戦に追い込まれていきました。これを機に、英仏両国はまったく違う道を歩みだします。フランスは、ダレスの仕打ちに深い恨みを持ち、西ドイツとともに欧州石炭鉄鋼共同体（ECSC）を発展させ、欧州経済共同体（EEC）をつくり、やがてそれはEU（欧州連合）を生む母体になりました。のちにフランスは、NATOの軍事機構からも脱退します。ゴーリスム（ド・ゴール主義）の名で呼ばれる対米自立路線を採ったのです。

佐藤　フランスと違って、イギリスはワシントンの意向に全面的に従うようになったんですね。実際はそうしながら、いかにも対等な同盟国として振る舞った。ここがイギリスの知恵だと思います。

手嶋　「特別な関係」をワシントンと築きあげ、アメリカがその威信をかけて「力の行使」に踏み切る場合は、事前に意思決定に関わった形をとってきました。イラク戦争の前夜に、ポルトガルのアゾレス諸島で英米首脳会談を行って、アメリカの意思決定に関与して見せたのがその典型です。その見返りとして、イギリスはアメリカと軍事行動を共にしてきました。しかし、今回のシリアの事態では、議会が武力行使を否決したこともあって、イギリスのキャメロン政権は軍事介入を断念しました。後から振り返ったとき、「このイギリスの離脱は超大国の凋落を象徴するものだった」と歴史家が記すことになるかもしれません。

「ロシアの半沢直樹」が投げ込んだクセ球

佐藤　アメリカが迷走した隙を突いて巧みに動いたのがプーチン大統領です。「ロシアの半沢直樹」として彼は、明らかにアメリカに「倍返し」をやっているんですね。彼の発言を裏返して読んでいけば判ります。

二〇一三年八月三十一日、プーチン大統領はオバマ大統領を牽制する「声明」を発表します。彼はアメリカ政府の報告書に対して、次のような問題点を指摘しました。まず一点目は「シリア政府が優勢にあるのに化学兵器を使う合理性がない」。一部の地域では、政府側が反政府側をすでに包囲している。そのように優位にある者が化学兵器を使っても、外敵を侵入させるだけで合理性がないと指摘したわけです。二点目は「アメリカは証拠があるなら、きちんと公表すべきである」と注文をつけました。たしかに、アメリカのインテリジェンス当局は、最初の頃は電波傍受の他にがっちりとした証拠を持っていなかったため、現場からの報告もどうしても限定的なものにならざるを得なかったようです。

手嶋　しかしオバマ政権は、シリアのアサド政権が化学兵器を使用した事実については、かなりの自信を持っていたのでしょう。ただ、その裏付けを明らかにすることは、シリアでいかにして情報を得ていたかという手の内を明かしてしまうことになりかねません。プーチン大統領は、インテリジェンスのプロフェッショナルですから、アメリカの弱みを衝いてきたのです。

佐藤　プーチン大統領は三点目に「証拠が出せないと言うならば、証拠がないと判断せざるを得ない」と追い討ちをかけました。さらに四点目として「証拠があるならば国連に出せ」と迫り、国連が中立的な立場で判断して化学兵器を使ったという証拠があがれば、ロシアも再発防止の措置を取ると表明しました。

手嶋　このとき、プーチン大統領が「過去にイラクやアフガニスタンをはじめ、様々な国や地域へアメリカは軍事介入を行ってきたが、一度でも事態が改善したことがあるだろうか」と述べ、超大国の力の行使そのものに矛先を向けたことで、アメリカへの対決姿勢が真剣であることを窺わせました。ただ、このプーチンの警告をオバマ政権がどこまで深刻に受け止めていたか、疑問が残りますが。

佐藤　私もそう思います。プーチン大統領は「私は何よりもまずオバマ大統領に対し、同僚としてではなく、アメリカ大統領としてではなく、一国の首脳としてではなく、ノーベル平和賞受賞者として申し上げたい」と訴えたわけですが、修辞の戦いでもアメリカを圧倒していましたね。

手嶋　アメリカからみれば、まことに底意地の悪いトーンに貫かれていました。しかし、シリアのアサド政権が、いたいけな子供たちやお年寄りにも化学兵器を使用した事実は動かしがたく、この「プーチン声明」は最初から最後まで欺瞞に満ちたものだったと思います。

佐藤　だいたい、「国連が検証しろ」という主張もまともに聞こえるかもしれませんが、国連は化学兵器が「使われたかどうか」を検証するだけで、「誰が使ったのか」はそもその調査項目に入ってないんです。つまり、化学兵器が使われたことがわかっても、誰が使ったか、ということを発表する権限がない。

また、プーチン大統領はシリアを後方支援してきただけあり、当然現地の情勢によく通じているんです。いまシリア国内で暴れている「反政府派」とは、元暴走族の関東連合みたいな「半グレ集団」。二〇一三年九月五日付の「ニューヨーク・タイムズ」の一面に、シリア反政府派の武装グループが、シリア政府軍の兵士を上半身裸にしてひざまずかせ、射殺する残虐な写真が掲載されましたが、事実、このような残虐な行為に及ぶ連中です。アメリカやフランスは遠くから手を回し、この「半グレ集団」に軍服を着せて銃と金を渡し、反政府派と名のらせて内戦をやらせてきたんです。そのような相手だからこそ、アサド政権は自分たちが攻勢に出ていても、神経ガスなどの化学兵器を使って掃討しているわけです。プーチン大統領はそういった現地の実情をもちろんよく知っています。

ソチ・オリンピックという人質

手嶋　アメリカのオバマ大統領は、国の内外の批判を向こうに回して、敢然と力の行使に打って出る覚悟がない――。プーチン大統領はこう読んで、クセ球をワシントンに投げ込んだわけです。オバマ大統領はプーチン提案にやすやすとのり、「国際管理」という罠にかかってしまいました。かくして、シリアのアサド政権は、化学兵器を国際管理に委ねるという計画を受け入れ、アメリカの軍事攻撃はひとまず回避された。まさしくプーチン大統領の思い描いたとおりに事が運んだのです。

佐藤　私がモスクワから得た情報では、プーチン大統領は、今回の出来事を通じて、オバマ大統領を見下すようになったといいます。それに対して、安倍総理はなかなかにしたたかで、見どころのある保守政治家だと、その評価はうなぎ上りだそうです。

手嶋　東京オリンピックの招致で、ロシアのプーチン大統領の協力を取り付けた成果は認めますが、その反動が気がかりですね。

佐藤　私も今後の事態の推移を心配しているんですよ。たしかにロシア側からすると、オバマ大統領より安倍総理のほうがしっかりしているように見えるかもしれない。しかし、いつ日本外交の実態がバレてしまうか、わかりませんからね。

先ほども申し上げたように、二〇二〇年の東京オリンピックが、日本にとって一種の制約要因になっている。同様に、プーチン大統領も、二〇一四年のソチ・オリンピックという名の人質を取られているんです。ソチという場所は、チェチェン独立運動あるいはイスラム原理主義勢力のテロが起きる怖れがある場所だからです。

チェチェン人の凄まじい歴史を概観しておきましょう。ロシア南西部に位置するコーカサスでは、十八世紀半ばから十九世紀半ばまでの百年の間、そこに住むチェチェン人とロシア帝国の間でいくつもの悲惨な戦いがなされました。一八一七〜一八六四年のコーカサス戦争に勝利したロシア帝国は、ようやくチェチェンを平定しますが、結果的にじつにチェチェン人の九割を殺戮することになりました。そのため、生き残ったチェチェン人の中には、オスマン帝国の庇護を求めて逃げた人々がかなりいるんです。正確な統計はありませんが、そうしたチェチェン人の末裔は、現在、トルコに百五十万人、アラブ諸国に百万人いるともいわれています。シリアもまた、夥《おびただ》しいチェチェン人が逃げ込んだ地域の一つです。

一九二〇年代にソビエト連邦が成立すると、本国のチェチェン人と中東のチェチェン人の交流が止められてしまうのですが、一九八五年にゴルバチョフがソ連共産党書記長になり、ペレストロイカが始まると、交流が再開します。普通なら六十五年も関係が断絶しているとコミュニケーションが取れなくなるものですが、チェチェン人の場合は「血の報復の掟」があり、民族の絆は強固なものがありました。男の子が生まれると、七代前までの男系男子の名前と、生まれた日と場所、死んだ日と場所と死因を教え、もしその中に殺害された者がいた場合はその仇《かたき》、仇が死んでいる場合は、その仇の男系男子の子孫に対して報復しなければならない。

手嶋　凄まじいばかりの民族意識ですね。

佐藤　民族意識というよりも、部族の掟です。拘束力が非常に強い。この掟があることで半世紀を超える断絶にもかかわらず、同族意識が消え去ることはありませんでした。

そして冷戦が終結した一九九一年、ソ連共産党守旧派によるクーデターが未遂に終わって、チェチェンはソ連からの独立を宣言するわけです。しかし、ソ連の崩壊を受けて成立したロシアは、チェチェンの独立を認めようとせず、チェチェン独立戦争に発展していきます。この戦争に関しては、一九九六年八月にはハサヴユルト協定という停戦協定が結ばれます。互いの主張にクレームをつけず、「独立凍結」という形でロシア軍は撤退する。つまりチェチェン側の実質的勝利に終わったんです。

ところがその後、中東地域に逃げたチェチェン人が北コーカサス地域に「大イスラム帝国」を建設すると呼号し、チェチェンとダゲスタンに拠点を作り始めた。実は中東系チェチェン人と土着のチェチェン人は、同じスンニ派でも法学派が違う。中東系チェチェン人はアルカイダと同じ学派なので、彼らと結びついてイスラムの世界帝国を作ろうと企てたんです。一方で土着のチェチェン人は独立さえ果たせればよかった。この両者によって泥沼の内戦が勃発します。

一九九九年にここに介入して「救いの手」を差し伸べたのが当時のプーチン首相でした。プーチンは、チェチェン人がロシアの領域内にとどまるなら、完全自治を認めてお金も流すという取引をした。そして、ロシア軍が介入し、アルカイダ系の武装勢力を片っ端から殺害して掃討してしまうのです。結局、現在のチェチェンは、ロシア連邦を構成する一つとして一応の安定をみています。

しかし、シリアには中東系チェチェン人がたくさん残っている。しかもこの不安定な地域には、いまアルカイダ系の「半グレ集団」がはびこっています。つまり、チェチェン人のイスラム原理主義過激派がシリアを拠点とし、再びチェチェンに攻め入ってくる危険があるというわけです。

こうした情勢がソチ・オリンピックに暗い影を落としています。ソチを擁するクラスノダール地方は、チェチェンの位置する北コーカサスの隣にある。つまり、このたびのシリア動乱は、二〇一四年のオリンピックで大規模テロが起こる可能性を助長したわけです。プーチン大統領がなんとかアメリカの武力介入を回避して、アサド政権を存続させようとしている背景には、「オリンピックの人質」があるからなんですね。
手嶋　こうしてみますと、スポーツの祭典と呼ばれるオリンピックは、いまの国際政治の構造に実に大きな影響を与えているファクターであることが判ります。「オリンピック、侮るべからず」ですね。

イランに送った誤ったシグナル

手嶋　先に触れたとおり、プーチン大統領のオバマ批判を読み解けば、シリア問題の本質は「超大国の力の行使に陰りが生じている」という一点にあると言っていいでしょう。しかし日本のメディアで、この点を真正面から取り上げた言説は見当たりません。イギリスの国際戦略研究所のジョン・チップマン所長も朝日新聞のインタビュー（二〇一三年九月十二日付朝刊）に応じ、「米国が今回、優柔不断にみえるのは、この問題で米国の国益にかかわるのが化学兵器に関する原則の擁護という点だけしかなく、シリアの内戦自体は基本的に米国の国益を左右しないからにすぎない」と楽観的な見解を述べていきます。そして「他の中東やアジアの同盟国に対する、米国の安全保障上の関与が揺らいでいるとみるべきではない」と、アメリカの緊密な同盟国の戦略家らしい見解を示しています。

しかし、アメリカの関与は揺らいでいないという説明に「ああ、そうですか」と納得できる時代は、もうとっくに過去のものになってしまった。そのような認識にすがるのは、アメリカの後ろ盾あってこそのイスラエルぐらいでしょう。今後は、アメリカがどんなコミットメントを示しても、現実の行動が伴わなければ、同盟国は信を置かなくなるでしょう。

今回のオバマ大統領のふらふらとした采配が、核開発を進めるシリアの同盟国イランにどんなメッセージを送ってしまったかは明らかです。彼は力の行使にあたって、「みんなで渡れば怖くない」とイギリスを誘ったものの、血を分けた同盟国がついてこなかったために、自分一人では「伝家の宝刀」を抜けなかった。しかも上下両院の「お墨付き」を取り付けるのに失敗すると、ロシア提案という軍門にあっさりとくだってしまった。結局、アサド政権は、化学兵器を使用しても、アメリカのレッドラインを越えても何の攻撃も受けず、自らが申告した化学兵器だけを引き渡して国際管理下に置けばいいということになった。その結果、「核開発をしても許される」という誤ったメッセージをイランに送り、この国の核開発を抑止する力にも陰りが生じ始めたのです。
かつてのブッシュ政権は、北朝鮮を「悪の枢軸」と呼んで、対決姿勢を露わにしましたが、北朝鮮は早い段階で「自分たちへの武力侵攻はない」と判断し、核・ミサイルの開発にひた走りました。このように、アメリカの力に陰りが生じれば、世界はたちまち不安定化してしまいます。その点で、オバマ大統領がシリア問題で犯した不決断の罪は今後、高いツケとなってアメリカと同盟国に撥ね返ってくるでしょう。

佐藤　結局、シリアのアサド政権は、イランの傀儡政権と言っていいんですよ。イランはシリアを介することで、レバノンのヒズボラやパレスチナのハマスにも武器弾薬や資金を自由に供与している。しかし今回のような対応では、こうした軍事支援に何の歯止めもかけることができませんね。

手嶋　今回のオバマ大統領の言動に最も懸念を強めているのはイスラエルに他なりません。「アラブの春」により、中東和平のカウンター・パートであるエジプトの情勢が一段と流動化している最中に、シリア問題で同盟国アメリカが外交の主導権をロシアに奪われたのですから、イスラエルは孤立感をさぞかし深めているに違いありません。

佐藤　シリアでの騒乱が激化すれば、アサド政権がイスラエルにミサイルを撃ってくるという可能性もあります。事実、イスラエルではガスマスクを郵便局で配っています。ただ、イスラエルのインテリジェンス・コミュニティは、この可能性は現実的には低いと考えている。イスラエルのシリアの力関係を考えると、シリアが一発でもミサイルを撃ってこようものなら、イスラエルとシリア国軍が全面的にシリアに入って徹底的に叩きのめしてしまうからです。このことはシリアもよく知っているんですね。

このイスラエルの専門家たちは、「アサド政権は毒ガスを確実に使った」と断じています。彼らの情勢判断は研ぎ澄まされていますから、ここでアメリカが何らかのアクションに出ないと国際社会のゲームのルールが崩れてしまうことも重々わかっています。冷戦後の世界において、唯一の「力の行使者」であるアメリカは、彼らが引いたレッドラインが正しいか正しくないかに関係なく、それを破った者には報復に打って出る。そういう単純明快なルールを崩してはいけないと、イスラエルは考えています。

手嶋　繰り返し言い添えておきますが、佐藤さんも私も、アメリカにシリアを攻撃せよと唆しているのではありません。自分でレッドラインを設定したのなら、それを踏みにじった者には行動で応えなければ、国際社会の秩序が破壊されてしまうと指摘しているのです。

佐藤　超大国が設定したルールが崩れてしまえば、イランが二〇％を超すウラン濃縮を始めてしまう怖れがあります。いわば、何パーセントまでなら濃縮ができるかという新しいゲームが始まってしまう。
いずれにせよ、イスラエルは自国の防衛体制をより強化すると共に、最大の脅威であるイランをどう封じ込めるかということに本腰を入れてくるでしょう。そのため、現実的な観点から、ロシアとの関係を深めるのではないかと私は読んでいます。
手嶋　たしかにシリアに対する軍事介入はひとまず回避されましたが、これで危機が去ったわけではありません。一九三八年のミュンヘン会談では、英仏がヒトラーに妥協したことで一時の平和は保たれました。しかし、「ミュンヘンの宥和」は、ナチス・ドイツをさらなる侵略に走らせ、第二次世界大戦への序曲を奏でてしまった。とりわけ戦後の日本社会では「戦争はとにかくいけない」という前提で外交もメディアもやってきましたから、軍事衝突が回避されただけで、手放しにこれを歓迎する風潮が圧倒的ですが、「戦争の回避」によってどんな事態が持ちあがるか、洞察に富んだ言説がほとんど見当たりません。
オバマ大統領の「シリアでの挫折」は、今後の東アジア情勢に「重大なツケ」として回ってくると考えなければいけません。とりわけ尖閣問題へ深刻な影響を及ぼすことになるでしょう。

第二章　飯島訪朝の怪

カメラの放列が放った情報弾

手嶋　二〇一三年五月十四日の夕方、北朝鮮の平壌国際空港に、一人の恰幅のいい男性が飛行機のタラップから降り立ちました。待ち構えたカメラ・クルーはその様子を撮影し、全世界に速報として伝えました。北朝鮮当局が自らメッセージを発信し、国際社会をあっと驚かせたのです。

佐藤　そのとき金正恩《キムジョンウン》政権は、アメリカ、日本、ロシア、韓国、そして中国にも核・ミサイルの放棄を迫られ、国際的に孤立していました。当然、北朝鮮はなんとかして包囲網を打ち破りたいと、包囲網のどこが柔らかい脇腹であるかを探ったんですよ。そして日本に狙いを定めたんですね。

手嶋　カメラが捉えた被写体は、飯島勲内閣官房参与です。突然の訪朝は、包囲網に加わっていたアメリカ、韓国、さらには中国までが、日本に疑いの眼を向けました。この一事をもってしても、平壌の狙いは半ば達成されたといっていいでしょう。

佐藤　核・ミサイルの放棄を迫る国際包囲網を分断するには、拉致問題を抱える日本は格好の標的だったはずですからね。

手嶋　飯島参与は、平壌に到着した翌十五日に、朝鮮労働党で国際関係を統括する金永日《キムヨンイル》書記（国際部長）と会見し、平壌を離れる前日の十六日には、万寿台議事堂で金永南《キムヨンナム》最高人民会議常任委員長に迎えられました。金正恩第一書記に次ぐ序列ナンバー2の大物で、事実上、国家元首にあたる要人です。

佐藤　金永南常任委員長は、名目上の国家元首ですから、北朝鮮に各国の大使が赴任すると信任状を捧呈するほどの相手なんです。北朝鮮側が飯島参与をどんなに厚く遇したかが窺われます。六カ国協議の構成メンバー、日本、アメリカ、韓国、中国、ロシアによる対北朝鮮包囲網から日本を引き剝がしたという意図が透けて見えますね。

写真で読み解くインテリジェンス

手嶋　まずこの写真を見てみましょう（写真①）。飯島氏が平壌に到着した瞬間を捉えた一枚ですが、これだけでは単なる「インフォメーション」にすぎません。事態の本質を抉りだす「インテリジェンス」に高めるには、雑多な情報、つまり「インフォメーション」からそのエッセンスを選り抜き、平壌で何が起きたのかを読み解く。それが「インテリジェンス」の業です。

佐藤　飯島さんは実にうれしそうに見えますね。カメラの放列を見て、一見意外だという表情は見せていますが、想定の範囲だと思っている。それにしても、撮影のアングルがなかなかいい。北朝鮮国営の「高麗航空」のロゴがちゃんと背景に写っています。この一枚だけで平壌の空港にいま降り立ったとわかるようになっています。

手嶋　北朝鮮外務省のアジア局副局長が出迎えていますね。この人物が飯島さんのキャリー・バッグをひいています。各国のインテリジェンス機関は、この中味に熱い視線を注いでいたはずです。

①

佐藤　最近の空港は、テロ対策のために透視技術がかなり進んでいますよね。現在の中朝関係を考えても、北京経由では大事なブツを北京の空港がすんなりと通して北朝鮮まで運んでくれるか不安があったでしょう。

手嶋　その点でも、この写真が公表されたことは、飯島さんにとって悪くなかったかもしれませんね。

佐藤　日本の総理官邸に任務をちゃんと果たしているというシグナルになりますから。

手嶋　いくら「外務省のラスプーチン」といわれた佐藤さんとはいえ、そんな謎めいた見立てじゃ、読者には何を指しているのか判りませんよ。

佐藤　いえ、我々の読者なら、インテリジェンス感覚が研ぎ澄まされていますから、これだけ言えば、おわかりでしょう。

手嶋　微妙なところに触れましたので、次の一枚（写真②）を見てみましょう。飯島参与が、金正恩政権ナンバー2である金永南氏に深々と頭を下げています。これに対してこの要人はにこやかに応じている。この写真も実に面白いですね。連写して、頭を一番深く下げた瞬間の写真を公表したのでしょう。十分な政治的意図が付与されていますよね。

佐藤　この金永南常任委員長は、ロシア語がうまいんです。ロシア科学アカデミー傘下には極東研究所があり、もとは中国研究所といっていました。中ソ対立の六〇年代、ソ連が敵国だった中国を調査・研究するために作られた機関です。七〇年代になって、日本、モンゴル、朝鮮半島にまで対象を広げ極東研究所となったわけです。

ソ連共産党中央委員会国際部の朝鮮課長をやったワジム・トカチェンコという人は、ソ連崩壊後、この研究所の朝鮮センター長を一時期つとめていました。この人が金永南常任委員長について「彼はブラッディメアリーがとりわけ好きなんだ」と話していました。ウォトカをトマトジュースで割って飲むブラッディメアリーを何杯かあおったところで、トカチェンコが「親愛なる金永南同志のために乾杯」と言った瞬間、「おまえ、

なんて危険なことを」と金永南は青ざめたそうです。当時はまだ金日成《キムイルソン》体制で、後継者の金正日《キムジョンイル》以外に、「親愛なる」という言葉を使ってはいけなかった。それをトカチェンコが自分に対して使ったからなんです。金永南は、さぞかし血の気の引く思いをしたことでしょう。金永南という人は北朝鮮内の権力闘争をしぶとく生き延びてきた人ですから、金ファミリーに関わる事柄にはものすごく敏感に反応するんですね。

手嶋　ということは、今回の飯島訪朝でも、金正恩第一書記の意を受けて、その金永南委員長が姿を見せたというわけですね。

佐藤　ええ、党中央の意向を反映していると見るべきです。そうでなければ、こんなに格の違う二人の会見が実現するわけがない。飯島さんは内閣官房参与の公職には就いていますが、常勤の公職じゃありませんからね。

手嶋　内閣官房参与職は、官邸への出勤時間に応じた「時間給」の仕事です。先日、さる大企業の社長さんにそう言ったら、「『次官級』の給与なら、結構じゃありませんか」と誤解されてしまいました（笑）。

佐藤　でも、この映像が公になって、内閣官房参与のポストには、にわかに「高値」が付くようになったかもしれません。アメリカやロシアの大統領補佐官と同じ閣僚クラスだと受け止められてしまった。ですから、飯島さんは三段跳びの出世をしたことになります。

それに飯島さんは、横から見ると、私の体形にもよく似ていて恰幅がいい（笑）。この体形を見るだけで成分（出身階層）がいいと北朝鮮では受け取られる。北朝鮮の映画を見ると、活躍している俳優はたいてい小太りか、太っている。太っているのは、あの国では豊かな人の証明なんですよ。ダイエットがはやっている日本とは、ちょっと異質な文化の国ですからね。飯島さんを見るだけで、日本は豊かな国だっていうことが、北朝鮮の中で可視化される。このことは日本にとっては非常に良かったと思いますよ。

手嶋　うーん、ユニークな分析ですね（笑）。さらに次の一枚（写真③）は、万寿台議事堂の大広間で、飯島参与と金永南常任委員長が会見している様子を撮影したものです。飯島参与の横のテーブルには灰皿が置いてあり、きれいな花も飾られている。儒教の影響が色濃く残る朝鮮半島でビジネスをした経験がある人なら、この灰皿におやっと思うはずです。国家元首など要人の前で、ぷかぷかたばこをふかす人はいません。目上の人の前で、断りなくたばこに火をつけたりしませんから。

佐藤　北朝鮮当局は、飯島さんがヘビー・スモーカーであることをちゃんと知っていて、灰皿を置いておいたのでしょう。外交の世界は全て「五分と五分」が基本ですから、たとえたばこを吸おうが吸うまいが、本来両側に灰皿を置くべきですが、金永南氏の側には置いていない。やっぱり、飯島さんにかなりの敬意を払っている証拠です。

金永南の背後に控えた謎の人物

手嶋　この種の写真では、誰が写っているかだけでなく、誰が写っていないのかも極めて重要です。通常の首脳会談なら、双方に自国の人間の通訳を置くものですが、日本人通訳の姿がない。

佐藤　外交の世界では、通訳は大変に重要です。この写真を見ると、通訳がたった一人、しかも飯島さんの側に控えています。間違いなく北朝鮮側が用意した通訳でしょう。

手嶋　だとすれば、非常に奇妙ですね。金永南氏ほどの大物の通訳も一人で引き受けていることになります。

佐藤　外交の世界では、およそ中立な立場の通訳などいないんです。一般に民間で通訳するときも同じですが、通訳はどっちの側に立つのか、はっきりしています。それは、お金を払っている側につく。お金を払っている側に、有利な通訳をするものです。ですから、民間の皆さんもビジネスの交渉の場で、通訳にかける費用をけちってはいけません。

手嶋　民間のかなり大事な交渉で、自社の社員に英語で折衝をやらせている経営者がいますが、危険極まりないですよね。外交の世界では決してそんなことはしません。外交官は英語で交渉しているはずとかなりの人が思っていますが、実はそんなことはしないんです。非公式な社交の場では英語で会話をしますが、正式な折衝では通訳を使うのが鉄則です。

佐藤　いまどき英語で自ら交渉をやっている会社は、オキュパイド・ジャパン、つまり占領下日本の発想から抜け出してない。重要な会談は、民間でも日本語を使うべきです。

手嶋　だからといって、飯島さんが日本人通訳を同行させていないと決めつけるのは早計です。たしかに公表された写真には、通訳が写っていませんが、日本の外務省が朝鮮語のプロの日本人を同行させている可能性も十分考えられる。佐藤さんは、この会談の隅に、朝鮮語の専門官がそっと控えていたと見ていますか。

佐藤　いま手嶋さんは、「朝鮮語」と言葉を選んで言いましたね。日本の外務省には、韓国語の専門官はたくさんいるのですが、朝鮮語を、その内在論理まで含めて、正確に話し、聞き取ることができる人はたった一人しかいない。その人を同行させたのでしょう。

手嶋　この写真でもう一つ不可解なのは、記録をとる「ノート・テーカー」らしき人物が金永南氏の右後ろに写っていることです。記録係ならノートを持っているはずですが、手ぶらで坐っている。

佐藤　通常の外交交渉では、こういう位置に人はいないんですよ。必要に応じて、「こういう発言を」と助言する人物にも見えますが、その場合はすぐ横にいるはずです。しかしこの人物は、国家元首ほど高い地位にいる人の右後ろでふんぞり返っている。これは、真に権力をもつ機関から来ている人で、金永南を監視しているのでしょう。そして、あえてこの写真を公開している。でなければ、ちょっと後ろに下がらせてもいいし、少し右にずらしてトリミングしてもいいわけですから。この人をあえて写真に写り込ませ、その写真を公開した。「金永南をちゃんと後ろで監視している人物がいる」ということを国際社会に知らせたいのでしょう。

手嶋　このように貴重な情報がてんこ盛りの写真が出てきたら、アメリカ、イギリス、中国、さらにロシアなどの情報機関が瞬時に精緻な分析を試みます。そのエッセンスを選り抜いて、インテリジェンスに高めてから、政治指導者に上げるのでしょうね。残念なことに日本は、G8（主要八カ国）の中で対外情報機関が唯一存在しない国です。海外に配したヒューミント（人的情報源）もない。膨大な公開情報を精緻に読み解き、インテリジェンスに高めて、政治指導者を誤りなき決断に導くシステムが、各国に較べて決定的に劣っています。

佐藤　この写真も、漫然と見ていれば、要人との平凡な会見の写真にしか見えないですよ。しかし「インテリジェンスのプリズム」を通すと、こんなにも多くのことが見えてくる。

鳩山イラン訪問の怪

佐藤　飯島訪朝の写真からインテリジェンスを抽出するためには、もう一つの大きな事件を踏まえておくべきです。二〇一二年四月、イランの首都テヘランを訪ねた鳩山由紀夫氏（民主党外交担当最高顧問＝当時＝）が、アフマディネジャド大統領（当時）と会談しました。会談後、イラン大統領府は、鳩山氏が「国際原子力機関（ＩＡＥＡ）がイランを含む特定の国に二重基準的な対応をとっていることは不公平だ」と語った、と発表し、国内外で大きな波紋を呼んだものです。

この会談もキー・ポイントは通訳なんです（写真④）。テヘランで行われた会談でも両者の真ん中にイラン人の通訳が一人だけ写っています。テーブルには花が飾られていますが、おそらくここに比較的旧式な録音機が入っているはずです。それで会談の模様を盗聴、いや失礼、録音している（笑）。

手嶋　鳩山元総理は、イラン側が差し向けたイラン人通訳を介して大統領とやりとりをしたのですが、総理経験者がなんと危うい橋を、と思いますね。

佐藤　外交の世界では極めて異例なことです。総理経験者かつ与党の外交最高顧問が、「枢軸国」「変わり者」などと国際社会から非難されている国家元首と会っているんですから。しかも日本側の通訳を使わずに。

手嶋　佐藤さん、いくらアフマディネジャド大統領だって、鳩山さんと較べられて「変わり者」と言われるのは心外なはずですよ（笑）。

佐藤　でも、実際に変わり者です。「イスラエルを地図上から抹消する」という公約を立てている人なんですから。そんな変わり者に、国際社会から核開発の疑惑をもたれて

④

いる最中、わざわざ日本からでかけていって会う。なんとも不思議な行動ですが、それだけに飯島訪朝と相通じるものがあるんです。飯島さんは、世界のインテリジェンス・コミュニティで、にわかに超有名人になりましたが、鳩山さんもこのテヘラン訪問で国際的に本当に有名な政治家になった。「有名」といっても、鳩山さんの場合は、「フェイマス」というより「インファマス」というニュアンスでしょう。つまり、鳩山さんは非常に「悪名高い」政治家になってしまった。いまや、この業界では知らない人はいない存在ですよね。

手嶋　飯島さんを平壌に誘った組織もあったはずですが、鳩山さんを東京からイランに連れていった組織も存在しています。それを「インテリジェンス・コネクション」と呼んでも、「国際人脈」と言い換えてもいいのですが、じつに見事な手並みです。国際世論がイランの核開発に厳しく臨んでいる最中、イラン側が涙を流して喜ぶような発言を鳩山さんはしたのですから。対イラン国際包囲網を台なしにせんばかりの行為に、アメリカは怒りを募らせています。

佐藤　これは本当に、イラン側のインテリジェンスの大変な成果と言えます。鳩山さんの「ＩＡＥＡがダブルスタンダードだ」という発言は、イランの核開発を事実上容認したのと同じことだからです。

「ミスターX」の死

手嶋　ところで、飯島訪朝を仕掛けたのは誰か。安倍総理はこの訪朝劇にどこまで関与していたのか。アメリカのインテリジェンス機関は、この点に重大な関心を示しています。

佐藤　安倍総理も、飯島さんが訪朝することを最終的には了承したのでしょうが、北朝鮮側の「仕掛け」を全て把握していたわけではないと思います。飯島参与の訪朝後、安倍総理がしばらく「ノーコメント」を貫いたのも、背景がよくわからなかったからですよ。私は安倍総理の慎重な対応からみて、この飯島訪朝のイニシアチブは一貫して総理の側ではなく、飯島さんの側にあったと見ています。

手嶋　飯島訪朝については、外務省は蚊帳の外に置かれていたということでしょう。

佐藤　外務省の初動の反応から察して、直前まで何も知らなかったと思います。官邸サイドは飯島訪朝に不安を拭いきれず、おそらくギリギリの段階になって、外務省の朝鮮語の専門官を同行させるよう外務省に持ちかけたのだと思います。

手嶋　総理官邸としては、自分たちが仕掛けた外交ではないため、かなりの警戒心を抱いていたわけですね。そこで菅義偉官房長官は、外務省のあるラインに内々に相談し、一種の防衛策がとられたと見ていいでしょう。外務省からそっと朝鮮語の通訳を同行させれば、内容を把握できますからね。

佐藤　通訳という重要ファクターを読まないと、この事態は読み解けません。

手嶋　飯島参与は、二〇〇二年九月には小泉総理の政務秘書官として、また二〇〇四年にも訪朝しています。最初の総理訪朝は、田中均《ひとし》アジア大洋州局長（当時）が北朝鮮の「ミスターX」なる人物を通じてセットし、二年後は飯島さんが朝鮮総連ルートを通じて実現しています。

佐藤　日朝関係が大きく動くときに、北朝鮮側のキー・パーソンはどんな人物で、いかなる行動をとるのか。それを知りたければ、ぜひ手嶋さんの『ウルトラ・ダラー』（新潮文庫）を読んでいただきたい。この本は、特定の人をモデルにはしてないということになっていますが。

手嶋　ええ、そのとおりですよ（笑）。

佐藤　しかし、田中均さんが「ミスターX」と折衝を重ねて、小泉訪朝を実現したことが物語の背景になっています。田中さん自身が明かしていますが、「ミスターX」に自分を信用させるため「総理の動静欄」を見てくれと伝えていたといいます。「あなたと会った後は必ず小泉総理と会って直接報告している」と話して、相手を信用させたと手の内を明かしたわけです。北朝鮮側は、この経験を通じて、飯島内閣官房参与が総理と本当につながっているのか、その証拠を見せてくれと迫ったことでしょう。

手嶋　一方、「ミスターX」は「軍事委員会の主要なメンバー」と自己紹介したそうですが、名前も偽名、所属組織も本当ではなかったといいます。

佐藤　私は、あの交渉は日本外交にとって重大な汚点だったと思うんです。一般論として、本名を名乗ることができない人と付き合うのは、よくないことです。特に外交官はね。ときに、仕事柄、本名を名乗れない人たちとも「仕事」をすることはありますよ。でもこれは、外交官ではなく、特別に訓練を受けたインテリジェンスの専門家が従事すべき仕事です。田中さんが北朝鮮との交渉で使った手法は、国家にとってリスクが大きすぎます。

手嶋　たしかに、恐ろしいことですね。しかも、一連の折衝の記録の核心部分は、外務省には残されていない。正体も定かでない人物を通じて、現職総理を平壌に連れていき、「日朝平壌宣言」まで発表しました。しかも、核・ミサイル問題については、きちんとした歯止めを盛り込むことができない。そんな外交など許されていいはずがない。その果てに、日朝の国交樹立の際には、総額一兆円に及ぶ「お賽銭」を支払わされそうになったのですから。ただ、大仕事を成し遂げたこの「ミスターX」は、後に死亡したといわれています。

佐藤　韓国のメディアは処刑説を書いていますが、私は事故死だったと聞いています。

手嶋　たしかに二度目の小泉訪朝は、当時の朝鮮総連と飯島さんが中心になって動かした。今回も形の上では朝鮮総連ルートということになっていますが、全く別の重要なルートが使われた可能性もあります。いわば「第三のルート」です。二〇〇四年当時は、朝鮮総連も巨額の献金を「金王朝」にしていましたが、いまや資金力も衰え、政治的な影響力も限られていますからね。

佐藤　今回の飯島訪朝を見ていて、僕もそう感じますね。今までとは全然違う形になった。秘密裏にやっていた訪朝の映像も大胆に出す。最近の北朝鮮、つまり金正恩体制になってからの特徴です。たとえば「金正日の料理人」として有名な藤本健二さん、実は本名じゃないんですが、彼は北朝鮮の権力者のすぐそばにいた人で、今もなかなかの事情通です。北朝鮮は、この藤本さんに託す形で、現指導部の何人かの映像や金正恩第一書記と夫人の映像を流しています。

託されなかった総理親書

手嶋　各国大使が信任状を捧呈する国家のナンバー2と会見したのですから、普通なら飯島内閣官房参与に「総理親書」を持たせていても不思議ではありません。しかし今回は、安倍総理は飯島参与に「総理親書」を託していません。

佐藤　もし秘密の総理親書を出したくても、それを出せる力量がいまの日本政府にはたしてあるかどうか。実は親書っていうのには書き方があるんです。私も外務省時代、外務事務次官や欧州局長の指示に従って、口の軽いロシア課長をすっ飛ばし、私が信頼する部下だけを使って、秘密裏に親書を作った経験があるんです。二〇〇〇年十二月二十五日にセルゲイ・イワノフ安全保障会議書記（当時）と鈴木宗男さんを会わせたときのことです。

手嶋　「イワノフ・宗男会談」なら、ちょっと背景説明が必要ですね。あの会談は、実質的には「イワノフ・ラスプーチン会談」ですよね。佐藤さんのあまりのスゴ腕ぶりに外務省内からは嫉妬の嵐が巻き起こり、佐藤さんが逮捕された「ラスプーチン事件」の一つの伏線となりました。

佐藤　いやいや、僕は黒衣にすぎませんよ。それはともかく、あの会談では親書が必要になりました。でも、実際に親書を作ったことのある人間は省内にも少なかった。特別な用紙の右上に穴を空けて、紅白のひもで結びつけ、写しをもう一通付けて……と大変なんです。正式な形じゃないと、外交上非礼になるんです。

手嶋　北朝鮮のような独裁国家ほど、外交儀礼にはうるさいといいますからね。

佐藤　そういえば、韓国政府が野田首相（当時）の親書を日本に送り返してきたことがあったでしょう。そのときの理由も、写しがついていなかったというものでした。こんな非礼なものは受け取れないと。

だから、いざ「総理親書」を持たせるとなると、外務省を巻き込んだ大掛かりなことになる。もし親書を出していれば、少なくとも手嶋さんには聞こえてきているはずです。そうじゃないところをみると、今回はそこまで外務省をコミットさせてはいないし、親書も出ていないと判断したほうがよさそうですね。

手嶋　安倍官邸が北朝鮮との対話の突破口を主導的に開こうとした様子は窺えませんよね。新しい北朝鮮の指導部が日本側に何を望んでいるのかを聞き出してきてくれ、といった程度の期待感だったのでしょう。実際、拉致問題で事態の進展を窺わせる対応を北朝鮮側が見せたという情報はありません。飯島さん自身は歴史に名を刻みたかったのでしょうが。

佐藤　歴史にはすでに名を残しましたよ。こういう訪問を実現したことによって。鳩山さんと同じぐらい、名前は歴史にもう残したと思います。特にインテリジェンスの世界では、飯島さんの名前を誰も忘れないでしょう。

ウランバートルから来たひと

佐藤　どうも、最近の日本外交は、旧大日本帝国陸軍の悪しき伝統を引き継いでいるようで、目標を明確に設定しようとしない傾向が強いですね。目標も設定しないまま、ただただ「一生懸命やっています」と姿勢ばかりを強調する。その評価を、計画を企画・立案した人がするわけですから、「成功」か「大成功」という結論にしかならないんです。その成功と大成功の集積が、大東亜戦争では破局につながったわけです。

手嶋　今回の飯島訪朝でも、官邸側は飯島さんのペースに引きずられて、どういう目標を設定したのか、じつに曖昧ですね。ただ、拉致問題に関しては、安倍官邸は「安倍三原則」を飯島参与に示し、交渉に一応のタガをはめています。一つは拉致問題の真相究明。二つ目は被害者の原状回復。そして三つ目は拉致実行犯の引き渡しです。拉致問題の交渉において、これは譲れない条件だといわれている。しかし、拉致事件に関与しているのは情報機関の幹部ですから、最初から実行犯の引き渡しというタガをはめられてしまうと、交渉にはならなかったはずです。飯島さんにはちょっと気の毒ですね。

佐藤　もし日本政府が「安倍三原則」を先方にきちんと伝えたいなら、「ノン・ペーパー」を相手に渡したはずです。これは意外と知られていませんが、「ノン・ペーパー」は外交の世界で重要です。要するに、普通のコピー用紙にワープロで打って、発言する内容を手渡すんです。こういう紙は、存在しないということになっているから「ノン・ペーパー」なんです。しかし確実に存在するんですね（笑）。ですから、特に総理発言で、北朝鮮のような難しい国を相手にするときには、言った・言わないとか、通訳のミスなどといったトラブルを避けるために「ノン・ペーパー」を渡すんです。今回は「ノン・ペーパー」を渡したのか、記者たちは誰も聞いていない。本当は、記者たちがギリギリと詰めていけば、その内実が出てくるはずなのですが。

手嶋　たしかに、取材のプロとして聞くべきことをちゃんと聞いていない。今回の飯島訪朝を受けて、日朝首脳会談を早期に行う情勢にはないと、佐藤さんと私は断じたのですが、日本のメディアは「近くウランバートルで日朝首脳会談が行われる」と浮き足だってしまった。

佐藤　実は、各メディアは一斉にモンゴルの首都ウランバートルに飛んでいったわけですよ。日朝の両首脳の到着をずーっと待ち構えて。

手嶋　ガセネタに踊らされてしまったんですね。上品に言えば、ディスインフォメーション、情報操作に乗せられてしまった。たしかにウランバートルという街は、何かが起きてもいい場所ではあったのですが。

佐藤　モンゴルは、北朝鮮情報を収集する上では非常に重要な拠点です。野田政権の末期から安倍政権にかけて、ウランバートルは日朝の秘密接触の重要ポイントになっています。

手嶋　いまの駐日モンゴル大使もキー・パーソンですね。

佐藤　フレルバータル駐日モンゴル大使は、直前まで平壌に在勤していた有力な外交官です。平壌においてモンゴル大使館は、中国大使館、ロシア大使館と並んで、他国の大使館とは格が全然違うんです。他の大使館は市のはずれに囲われた特別の区画に閉じ込められているのに、モンゴル、中国、ロシアだけは、市のど真ん中にある。ですから、平壌の動静についても皮膚感覚できちんと把握できる。それだけこの三つの大使館は特別な存在です。中国は、モンゴルと北朝鮮にとって歴史的に大変な脅威でしたから、連携の素地もある。

その上、このモンゴル大使は非常に有能な人で、日本語も大変にうまいんです。彼が日本について学んだ場所がモスクワ国際関係大学です。当時、ソ連外務省から大学に出向していたアレクサンドル・パノフさんの指導を受けました。パノフさんは長く駐日大使を務め、北方領土交渉のキー・パーソンです。つまり、日本、ロシア、北朝鮮の全てをつなげる人物がフレルバータル大使なんです。この大使が東京に赴任して以来、モンゴル・ファクターが急に動き出したのですが、今回の飯島訪朝とはつながっていないようですね。

手嶋　フレルバータル大使が、東アジアの外交世界で重きをなしているのは、北朝鮮を支配してきた金日成体制の内在論理を深く理解し、権力の深奥に分け入っていける力量の持ち主だからでしょう。

佐藤　そうです。北朝鮮ではいまも「金日成体制」が続いているのです。あの国は基本的にミイラが支配している。その証拠にいまだ国家主席がいない。金正日総書記も国家主席にならなかったし、今回の金正恩も国防委員会第一委員長というポストに就いただけ。要するに金日成、金正日が就いた役職は「永久欠番」にしていく。金日成と金正日のミイラが、あの国を支配しているのです。

ただしミイラは口を利くわけじゃないので、ミイラのテキストが必要になる。ですから、北朝鮮では今でも、金日成全集を編纂し続けています。金日成著作選集は、一九六七年に全八巻が出て、金日成の死後、全四十四巻の金日成著作集が一応完結しています。にもかかわらず、いまも出続けて百巻になった。金日成の新しい文書が次々と見つかり、それによって政策の転換が可能になるというからくりです（笑）。

日本の拉致被害者たちは、こんな王朝の「奥の院」を知ってしまった。当然、北朝鮮側は、王朝がなくなる日まで日本に帰せないと考えている。この壁をどう突破するかが日本外交の課題です。

飯島訪朝に疑念抱くアメリカ

手嶋　そんな独裁国家に核・ミサイルを放棄させる外交的枠組みが、六カ国協議です。構成国は、北と対峙する韓国、隣の大国である中国、北の大国ロシア、そして海を隔てて日本とアメリカ。この五カ国は、二〇一三年にいたってようやく北朝鮮包囲網を張ることになりました。習近平体制の中国も、北朝鮮への核・ミサイル開発資金の供給路を絞って、初めて本格的にこの包囲網に加わりました。韓国も太陽政策に傾いた時期が長く、包囲網に真剣に身を投じたのは初めてと言っていいでしょう。

　意外なことに、アメリカもまた、核・ミサイルの放棄を真剣に求め出したのは最近のことです。従来、北朝鮮からの「核の拡散」については断固ノーと言ってきましたが、米朝交渉では、表向きはともかく、「核の保有」を黙認してきたのです。アメリカ本土には北朝鮮の大陸間弾道弾が届かなかったからです。

佐藤　アメリカは、六カ国協議を発足させる際、議長国に初めて中国を指名して、外交上の主導権を渡してしまったんですね。当時は、アフガン戦争とイラク戦争に持てる力の全てを注いでいましたからね。

手嶋　ええ、冷戦後にアメリカが犯した戦略的な誤りでこれより酷いものはないと、私は一貫して指摘してきました。中国がいったん手にした外交的な主導権を手放すはずはありません。北朝鮮の三度にわたるミサイル発射実験、そして二〇一三年二月に行った三度目の核実験は、アメリカの「東アジアでの永き不在」が引き起こしたものです。北朝鮮のミサイルは、射程が一万キロを超え、アメリカの領土の一部に届くまでになった。

　二〇一三年に二期目のオバマ政権が発足すると、ジョン・ケリー国務長官は四月に訪中して習近平国家主席と会談し、朝鮮半島の非核化を推進することを申し合わせました。

北朝鮮の核・ミサイルがアメリカにとって真の脅威になりつつあると見て、政策の舵を切ったのです。

佐藤　ロシアもメドベージェフ大統領のままだったら、北朝鮮包囲網にここまで真剣に加わらなかったかもしれません。実はプーチン大統領は北朝鮮のことが心底嫌いなんです。それはあるトラウマを抱えているから。これは、六カ国協議のロシア代表も務め、プーチン特使として金正日委員長に十一時間も会った人から直接聞いた話なのですが、金正日はこのプーチン特使に「核兵器を作りたいとは思っているが、我が国は核開発の能力がない」と述べた上で、「アメリカが我々の存在権を認めてくれないので、核を持つことができないのに虚勢を張っているだけだ」と真顔で語ったというのです。そしてアメリカへのとりなしを懇請した。「国家元首は嘘をつかない」というのが外交の世界では確固としたルールになっているため、プーチン大統領は真に受けて「北朝鮮には核開発の能力がないので、北朝鮮の存在を認めてやるほうがいい」とアメリカに伝えたといいます。ところが、それは真っ赤な嘘だった。よくも騙してくれたなとプーチンは怒り心頭に発した。人を騙すのはロシア人の特技ですが、そのロシア人をたぶらかすとは太い奴だと怒り、もう絶対に信用しないと息巻いたといいます。プーチンという人はねちっこいんですよ。

日本を絡め取る「クモの糸」

手嶋　ここまで、関係国による北朝鮮包囲網ができてしまうと、北朝鮮がこれを突破するのは容易じゃありません。安倍総理もこの包囲網に参加しながら、同時に「自分の政権のうちに拉致問題を必ず解決してみせる」と公約しています。北朝鮮にとっては、拉致を撒き餌にしてまさしく仕掛けどころだったのでしょう。北朝鮮側は、飯島参与ならどう引き込めばいいのか、手口を知り抜いていましたから、満を持して誘い水を向けたのでしょう。

佐藤　非常に分かりやすい解説ですね。でも、北朝鮮の仕掛けに乗った安倍政権の対応を、アメリカ側はさぞや苦々しく受け止めたことでしょう。

仮にアメリカのインテリジェンスのプロから「拉致被害者と特定失踪者は合わせて何人ですか。もし北朝鮮が核・ミサイルを東京に落としたら、何人死ぬことになりますか。拉致と核・ミサイルとどっちのほうが脅威ですか」と質問されたら、日本の政治家や外交官はどう答えるのでしょうか。読者の皆さんに誤解なきように言っておきますが、手嶋さんや私がこういう質問を考えたのではなく、実際にインテリジェンスの専門家が投げかけてくる質問なんです。「ノドン・ミサイルは核弾頭を搭載でき、日本の全土を射程に収めている。拉致問題と核開発のどっちが脅威ですか」と聞かれたとき、我々はどう答えるのか。それこそ「無限に重要な事柄と、無限に重要な事柄の比較は実に難しく――」とか言って、ごまかすしかない。やはり日本の立場は、論理的には非常に弱いんです。北朝鮮はそこのところを冷静に見すかしているわけです。ですから、日米同盟の弱点に一つのくさびを打ち込むという、この大きな一点において、今回の飯島訪朝で北朝鮮はやはり目的を達成していますよ。ところが日本側は、日米同盟にくさびを打ち込まれていると気づいていない。

手嶋　くさびを打ち込ませないためには、同盟外交では「内報」が重要になります。「北朝鮮に総理特使は送るが、日米同盟の枠内のことだ」とワシントンを安心させておく。しかし、今回はその「内報」をやっていない。明らかに同盟外交の作法に反しているのですね。たとえば結婚式の招待状を出す前に、前もって言っておかなければいけない人が必ずいるでしょう。外交も人づきあいも、同じなんです。「内報」のルールはきちんと守ったほうがいい。これは、アメリカの顔色を窺うこととは違います。

佐藤　この「内報」のことを新聞記者から聞かれて、ある政府首脳が「日本はアメリカの属国じゃない」と言ったそうです。しかし、こうした「懇談メモ」はすぐに記者を通じて駐日アメリカ大使館に渡っていきます。こういう発言のインプリケーション（含意）が及ぼす日米関係への影響について、日本政府はあまりに鈍感です。

日米同盟にネガティブなインパクトを与えたと言えば、橋下徹大阪市長の慰安婦問題と基地問題の発言を挙げなければいけない。二〇一三年五月、橋下市長は、従軍慰安婦問題で安倍政権の姿勢を擁護するつもりで、「沖縄の米海兵隊基地の軍人も風俗施設を利用すればいい」と発言しました。この橋本発言の衝撃度は、日本国内では十分に理解されていません。この発言によって、アメリカの政治エリートに「日本は本当に価値観を共有できる国なのか」という根源的な疑念を抱かせてしまったんですよ。

手嶋　外交とは「タイミングの業」でもあるのですが、橋下発言が日米関係を直撃している最中に、飯島参与の電撃訪朝が行われてしまったことも間が悪かった。

佐藤　まさにこの二つの事件が日米同盟を大きく揺るがしたのですが、安倍政権はどれほどの悪影響だったかがわかっていませんね。

手嶋　従軍慰安婦問題がひとたび東アジアの政局に置かれると、それが反日包囲網を紡ぎあげる強力な「クモの糸」になるという省察を著しく欠いているのです。山形県鶴岡市に「スパイバー」というベンチャー企業があります。現在三十歳の研究者兼社長が創業した会社で、世界で初めて人工の「クモの糸」を作りだした。その糸は鋼鉄の四倍もの強さを誇り、摂氏三百度にびくともしない耐熱性があり、ナイロンを遥かに凌ぐ伸縮性を秘めているそうです。レトリックでなく、「クモの糸は百獣の王たるライオンをも捉える」ということになりますが、日本の政治リーダーは今、そんな最強の「クモの糸」に絡め取られようとしているのかもしれません。

佐藤　たしかに、反日包囲網を紡ぎあげる「クモの糸」は、慰安婦問題であり、歴史認識問題です。これなら、日本の同盟国にしてスーパー・パワーであるアメリカをも、一緒に巻き込み、絡め取ることができますから。

同盟外交の作法

手嶋　外務省の杉山晋輔アジア大洋州局長（当時）は、飯島参与の訪朝が伝えられた二日後の五月十六日、日本に立ち寄ったアメリカのグリン・デービス北朝鮮担当特別代表と会談しています。「北朝鮮との対話はあくまで非核化に向けたものであるべきだ」というデービス特別代表の言葉に、アメリカ政府の意向がはっきりと表れています。

佐藤 デービス特別代表は、関係国が対北朝鮮包囲網を張る中で突如行われた今回の飯島訪朝は、関係国の結束を乱すものだと苦言を呈したんです。しかも、アメリカ政府に一切の内報がなかったと不快感を露わにした。

手嶋 彼は「飯島訪朝は事前に内報されていたのか」と記者団から聞かれて、あえて「聞いていなかったのは事実だ」と応じています。同盟の作法に反していると言いたかったのでしょう。

佐藤 同盟国からの内報の有無は、通常ならメディアに明らかにしたりはしませんよ。しかも、デービス特別代表は「会談の結果について一層の説明をお願いしたい」と注文をつけています。外交の常識では、これはアメリカから日本への痛烈な苦情と言っていいんです。わかりやすく言うと、「杉山局長の説明は十分ではない。我々は納得できないので、本当のことを全部教えろ」ということなんです。「北朝鮮との対話はあくまで非核化に向けたものであるべきだ」というくだりも、本音に言い換えると「本来、北朝鮮に強く求めるべき『核開発阻止』というテーマを、日本側はきちんと伝えているのか。あんたたちは何をやっているんだ」という懸念の表明です。

手嶋　北朝鮮は、核弾頭の小型化をはかり、これを大陸間弾道ミサイルに搭載する開発計画を着実に進めている。アメリカは「北朝鮮の核・ミサイルは真の脅威になりつつある」と遅ればせながら考え始めたのでしょう。

佐藤　安倍内閣は、そうしたアメリカの懸念をよく知っているはずなのに、なぜ「内閣官房参与」の肩書きを持つ特使を訪朝させることを事前に伝えてこなかったのか、とアメリカ側は憤っている。「外交ゲーム」のルールに通暁したプロフェッショナルにとって、この件は理解不能なんです。

手嶋　安倍総理が飯島訪朝を認めて北朝鮮と対話に踏み出したのは、やはり一種の軌道修正と言っていいと思います。従来は、北朝鮮には厳しい姿勢で臨まなければと「対話」と「圧力」のうち、「圧力」に軸足を置いていたのですから。

佐藤　たしかに安倍総理は、飯島訪朝のひと月ほど前、北朝鮮問題を協議するため急遽、来日したケリー国務長官に、「交渉のたびに裏切られたことを忘れないでほしい」と釘をさしています。

手嶋　思えば安倍総理は、二〇〇二年九月、小泉総理の訪朝に官房副長官として同行し、十月には拉致被害者五人の帰国を実現させました。当時の小泉内閣の中には「彼らはあくまで一時帰国の身であり、北朝鮮に帰すべきだ」という意見があったのですが、安倍官房副長官はそれらの声を退け、拉致被害者を北に帰すことに反対した経緯がありますね。
佐藤　北に帰すべしと主張した中心人物こそ、当時の田中均アジア大洋州局長です。
手嶋　しかし、田中さんは最近も「自分は拉致被害者を帰国させるべし」と反対したことはないと公の場で語っています。
佐藤　明らかに事実に反します。当時の小泉官邸での会議で、帰国させるべしと主張したのを数人の人が聞いています。事実を巧妙にすり替えることに実に巧みな人ですね。

総理に批判された交渉者

佐藤　そんな圧力派の安倍総理と対話派の田中均氏が、興味深い論争を戦わせています。二〇一三年六月、安倍総理が自身のフェイスブックで、拉致被害者五人を帰国させた交渉を振り返りながら、田中氏を名指しして、「そもそも彼は交渉記録を一部残していません。彼に外交を語る資格はありません」と痛烈に批判しました。これに朝日新聞や毎日新聞が社説などで「個人攻撃だ」と非難しました。さらに民主党の細野豪志幹事長や自民党の小泉進次郎青年局長らも「田中氏への個人攻撃はすべきでない」と田中氏擁護の論陣を張りました。

しかし、この論争の核心部分は、個人攻撃かどうかじゃない。日本政府のいわばチーフ・ネゴシエーターであった田中均氏が北朝鮮のミスターXと極秘交渉を行いながら、その会談記録の核心部分が外務省には残されていない、と総理が指摘した点にあります。

手嶋　事実関係を簡潔に記しておきましょう。二〇〇二年九月十七日、当時の小泉純一郎総理は、平壌を電撃的に訪れ、金正日総書記と日朝首脳会談を行ないました。この首脳会談は、ミスターXと田中均氏の予備会談を通じて実現したのです。ところが、この折衝の核心部分の記録や公電が外務省内には残されていないと安倍総理は指摘したのです。

佐藤　この点について田中均氏は、「記録をつけていない交渉なんてありえない」と講演で述べ、およそ外交官なら当事者のやりとりは必ず文書に残しておくと反論しました。

じつに巧みな言い訳です。たしかに交渉者が記録をつけないことなどないのでしょう。しかし安倍総理は、公的な交渉の記録を外務省に残していないと指摘したのであって、記録をつけていないなどとは言っていませんよ。

手嶋　この論争に私は関与していないのですが、思わぬところで登場人物にさせられてしまいました。産経新聞の阿比留瑠比編集委員がコラム「極言御免」で私が書いた小説の登場人物の言葉を引用して、田中均氏が極秘交渉の記録を外務省に残していなかったことを次のように批判しました。

「外交ジャーナリスト、手嶋龍一氏の小説『ウルトラ・ダラー』には、田中氏がモデルとみられる『瀧澤アジア大洋州局長』が登場し、日朝交渉を取り仕切る。作中で瀧澤が交渉記録を作成していないことに気付いた登場人物が、こう憤るシーンが印象的だった。『外交官としてもっとも忌むべき背徳を、しかも意図してやっていた者がいた』」

佐藤　当時、この『ウルトラ・ダラー』によって、拉致被害者の家族を含めて多くの日本の人々が、あの交渉で本当に何があったのかを知ったんです。

手嶋　佐藤さんが指摘するように、田中均氏は「記録をつけていない交渉なんてありえない」と巧みに言い逃れをしています。しかし、これほど重要な交渉の記録が外務省内に残っていないことは事実なのです。日本外交のゴールキーパーといわれる歴代の条約局長や国際法局長が「肝心の記録を見たことはない」と揃って話しているのですから。

佐藤　小泉純一郎・金正日会談では、「日朝平壌宣言」を発表して国交正常化に向けた道筋を明らかにしました。具体的な金額は明記されませんでしたが、国交が樹立された後は、一兆円ともいわれる経済援助を実施することで合意したという一部報道がありました。

手嶋　この「日朝平壌宣言」が果たしてどのようにしてまとまり、背後でいかなる約束が交わされたのか。とりわけ拉致被害者の救出をめぐって何が話し合われたのか。ミスターXの本名は、そして彼は党・国家のどこに身を置いていたのか。真相はいまだに一切明らかにされていないのです。

佐藤　このミスターXは、もはやこの世にはいません。誰かが天国まで行ってミスターXを尋問することなどできない。手嶋さんが、『ウルトラ・ダラー』で照らしだした深い闇にうもれていた事実が、当時の官房副長官と交渉担当者の論争という形で注目を浴びる構図は面白いですね。それだけこの作品は、様々な読まれかたをしているということなんでしょう。

手嶋　作品は世に出た瞬間から読み手のものです。どう読まれてもいいと思います。著者の立場からひとこと申し上げるなら、『ウルトラ・ダラー』の登場人物、瀧澤アジア大洋州局長は、彼自身であって他の誰でもありません。瀧澤局長の母親は北朝鮮の対日工作員でしたが、彼は自らの中に流れる血に真摯に向き合い、東アジアが波静かであるよう献身しました。父母それぞれの祖国に二重忠誠を誓った志の人であり、少しも祖国を裏切ってなどいない。瀧澤局長の名誉のために申し添えておきたいと思います。

佐藤　私がこの本を「インテリジェンス小説」と呼んだのは、現実の出来事に粉をまぶして物語に仕立てたようなノンフィクション・ノベルとは、似て非なるものだったからです。近未来にやがて生起するであろう出来事を、インテリジェンスを武器に精緻に予測して描きだしていた。執筆の時点では実際に起きていない出来事を書いていても、やがてそれらは現実のものとなっていく。まさに「小説の中の出来事を現実の国際事件が追いかけている」。これが「インテリジェンス小説」なのです。

手嶋　実は僕は、あまたの登場人物の中でも、瀧澤局長という人間に最も魅力を感じているんです。スケールが大きくて人間的な温もりを感じさせます。そして二つの祖国それぞれに忠誠を尽くす姿に共感を覚え、友人にしたいような男だと思っています。

第三章　サイバー時代のグレート・ゲーム

スノーデン事件が意味するもの

手嶋　二〇一三年八月一日、ロシアのプーチン政権が、ついにＣＩＡ（米中央情報局）エドワード・スノーデン元職員の一時亡命を受け入れました。アメリカを脱出してからすでに二カ月以上経過していました。アメリカのバラク・オバマ大統領は、この決定に抗議して、九月初旬にサンクトペテルブルクで予定されていた米ロ首脳会談を取りやめ、米ロ関係はにわかに緊張の度を高めました。

この事件の影の主役はなんといっても、冷戦期にＫＧＢ（ソ連国家保安委員会）のインテリジェンス・オフィサーとしてスゴ腕を振るったウラジーミル・プーチン大統領です。彼が吐いた警句は、事件の本質を抉って余すところがありません。

佐藤　「元インテリジェンス・オフィサーなど存在しない」というのがプーチンの口癖です。ひとたびインテリジェンス機関に奉職した者は、生涯を通じて諜報の世界の掟に従い、祖国に身を捧げるべきだ。この約束事に背きし者は命を失っても文句は言えない、というのですね。スノーデン問題にも、この哲学で対処していました。

手嶋　米ソ両超大国が「核の刃」を互いに突きつけて対峙していた、あの冷たい戦争の時代に、泣く子も黙ると怖れられたKGBのオフィサーとして、情報戦《インテリジェンス・ウォー》の最前線に身を置いていたプーチン大統領から出た警句だけに、その切れ味はひときわ際立っています。

佐藤　スノーデンもアメリカという祖国を捨てて、一時なりともこの寒い国に亡命したのですから、よほど強靭な意志力を持っているんでしょうね。

手嶋　十七世紀にヨーロッパでウェストファリア条約が結ばれて、ネイション・ステート（国民国家）ができる遥か昔から、中国には祖国を捨てる意を表す「亡命」という言葉がありました。祖国を去ることとは即ち命を亡ぼすことを意味したのです。スノーデンがどこまで自覚しているのかわかりませんが、彼はいま、亡命の恐ろしさ、その深淵を覗き見ていると言っていい。

佐藤　スノーデンは、CIAに勤務して「シギント」（電波傍受）の技術的作業にだけのめり込んでいたため、諜報世界の真の恐さを知らないのかもしれませんね。

手嶋　プーチン大統領がいみじくも言ったように、インテリジェンスの世界にひとたび身を置いた者が祖国を捨てることは、即ち死を意味する――。

佐藤　スノーデンのこれからについて、中東のさる情報大国の対外インテリジェンス組織で幹部を務めた人物に会ったとき、今後の見通しをこんなふうに語ってくれました。「アメリカはスノーデンという男の祖国への裏切りを決して許さないにちがいない。スノーデンはしばらくはロシアにいて、恐らく最終的には中南米のどこかの国に亡命することになるのだろうが、CIAは時間をかけてスノーデンを拉致し、必ずアメリカに連れ戻すはずだ」。

彼の身柄を確保できたとして、アメリカはどうするつもりかと尋ねてみると、「公務員の守秘義務違反の罪などで公開の裁判にかけて、国家を裏切った者の罪を徹底的に問うことになるだろう。その結果、かなり厳しい判決が下るはずだ。禁錮二百年は覚悟しておいたほうがいい。いや二百年だと長すぎて非人道的なので百九十九年になるかもしれない」などと冗談めかしてましたよ。いずれにせよアメリカがスノーデンの身柄を確保できれば、生涯を通じてアメリカの刑務所から一歩も出さないだろうということです。

　これがロシアだったら、裁判にかけるなどという面倒なことはしませんよ。自殺か交通事故を装って殺してしまうと思います。こう私が言ったところ、この伝説のインテリジェンス・マスターは、同盟国のアメリカを庇うような口吻《くちぶり》で次のように指摘しました。

「佐藤さん、アメリカは人道主義の国だ。暗殺のような非人道的なことはしないだろう。何事もオープンに行うことを考えるはず」。

　さらに東アジアの情勢にも精通している彼は、スノーデンの人物像についても、じつにシャープな見立てを披露してくれました。「NSA（米国家安全保障局）の契約職員としてシギントに従事しているうちに、『国家がなくても人類は生きていくことができるはずだ』というアナーキズム思想を抱くに至ったのだと思う。祖国を裏切る原因となったこの思想を、アメリカは公開の場で裁かなくてはならなくなるだろう。裁かれるのはスノーデン個人ではない。インテリジェンスと本質的に敵対する思想なのだ」と。

手嶋　スノーデン事件の本質を抉る見立てですね。二十一世紀のいま、安全保障の主戦場は二つの「スペース」に移りつつあります。サイバー・スペースとアウター・スペース、すなわちネット空間と宇宙空間です。この二つは、必然的に国家の枠組みを超えてしまう。若きハッカーとして、サイバー・スペースに魅入られていったエドワード・スノーデンは、その存在自体が優れて二十一世紀的なアナーキストなのでしょう。

佐藤　本人がそれと自覚しないまま、予想もしなかったような修羅場を作りだしてしまう人物というのが時折いるものです。ＣＩＡ元職員のスノーデンもそんな一人なのでしょう。

ＣＩＡが雇った元ハッカー

手嶋　スノーデンが抱くに至ったアナーキズムの源流を佐藤さんと遡る前に、この事件がどのようにして持ち上がったのか、その発端を見ておきましょう。

英米の外交・国防・情報当局を震撼させた機密情報を暴露したのは、かのジュリアン・アサンジ率いるウィキリークスで、その情報が掲載されたのは、イギリスの高級紙「ガーディアン」でした。今回の事件もまた、この新聞から最初の狼煙《のろし》があがりました。二〇一三年六月五日の「ガーディアン」が、ＮＳＡがアメリカの電話会社ベライゾンの通話記録を毎日数百万件も収集していると報じたのです。

佐藤　一般の人々には、ＣＩＡやＦＢＩ（米連邦捜査局）に較べてＮＳＡは馴染みが薄い組織だと思います。

手嶋　ＮＳＡのヘッドクォーター（本部）は、ワシントン郊外メリーランド州フォート・ミードにあるのですが、付近の住人すら、その存在を知らない人もいるくらいです。職員が三万人とも言われるアメリカ最大の諜報組織なのですが、その実態は秘密のベールに覆われています。いまでこそウェブサイトもありますが、創設当時はＮＳＡをもじって、「No Such Agency」（そんな部署はない）とか「Never Say Anything」（何も喋るな）とも言われていました。

佐藤　各種の通信を傍受・解析するインテリジェンス活動は「シギント」と呼ばれ、ＮＳＡはそのシギントを行う世界最強の通信諜報機関です。電話の盗聴をしたり、インターネット空間を飛び交う通信を傍受したり、コンピュータへのハッキングを手がける機関として、インテリジェンス専門家の間ではその存在が知られてきました。

手嶋　ＮＳＡは、カズンズ（従兄弟）の間柄と言われるイギリスのＧＣＨＱ（政府通信本部）とも密接に連携をとりながら、地球規模でシギント活動を行っています。

佐藤　イギリスの「ガーディアン」の報道を受けて、アメリカの有力紙「ワシントン・ポスト」は、NSAとFBIが「プリズム」（PRISM）と呼ばれる独自プログラムを使ってインターネット空間を行き交う個人情報を秘密裏に収集していたことをすっぱ抜きました。

手嶋　この報道はたしかに一種のスクープではあったのですが、率直に言って、さほど大きなニュース価値はなかったと言っていいと思います。というのも、「プリズム」の存在も以前からメディアで報じられていましたし、アメリカ政府がウェブサイトを使ったインテリジェンス活動「ウエビント」を従来からやっていたことは公然の秘密でした。

佐藤　たしかにこれまではそのとおりでしたが、この「プリズム」情報をメディアに漏らしたのが、NSAの業務の一部を委託契約で請け負っていたブーズ・アレン・ハミルトン社の社員エドワード・スノーデンだという事実が明らかになって、世界を揺るがすニュースになったわけですね。

手嶋　そう、このニュースは大化けしてしまった。スノーデンは二十歳そこそこでCIAの技術職員になりました。彼はいま三十歳ですから、およそ十年間CIAの職員だったことになります。技術要員とはいえ、CIAはアメリカ社会ではかなりのエリート集団ですから、注目すべき若さです。CIAが彼の才能を必要としていたということでしょう。

佐藤　しかも、一連の報道の直後、「ガーディアン」「ワシントン・ポスト」両紙を通じて、自分が告発者だと自ら名乗り出たのです。当局の捜査の輪が狭まり、追い詰められたわけではないんです。

手嶋　この行為がワシントンに与えた衝撃は、日本ではちょっと理解してもらえないかもしれません。ニクソン大統領を辞任に追い込んだウォーターゲート事件のように、ディープ・スロートによる内部告発は過去にありましたが、本人がそれを認めたのは三十年以上経ってからのことです。報道の直後に当の本人が名乗り出るなどありえない事態なのです。そもそもニュースが流れた直後、問題の情報源は、アメリカのインテリジェンス機関の、それもかなりの高官ではないかと囁かれていました。ところが、連邦政府から巨額の金で仕事を請け負っている一コンサルティング会社の若い社員の仕業だったことが明らかになり、オバマ政権の威信は傷つきました。ハッカーのような一人の男に、ここまで右往左往させられたのかと。

佐藤　スノーデンがこの巨大会社の下級社員であった理由は、能力が低いからじゃない。インテリジェンスの非合法活動に関わっていたからですよ。だから万一、事故が生じたときに備えて、外部の民間会社の下級社員の肩書で重要な任務に当たらせていたのです。

手嶋　スノーデンが名乗り出た直後に、アメリカ政府の関係者は「彼は大したタマじゃない」などと強がりをいっていましたが、それだけ重要な任務に当たらせていた傍証になりますね。

佐藤　ご明察のとおりです。その証拠に、彼の年収はなんと約二十万ドル、日本円にしてざっと二千万円。わずか三十歳そこそこの若造を、こんな高給で処遇する政府機関がどこにありますか。ＣＩＡの中堅幹部の給与と同じ水準です。日本の外務省ならシニアの課長か局長級審議官と考えてよい。スノーデンは、仕事の内容に見合った扱いを受けていた重要人物だったと見たほうがいいでしょう。

市民への通信傍受許すまじ

手嶋　この事件を検証する上で重要なのは、なぜスノーデンがこれほどのリスクを冒して告発に踏み切ったのかということです。彼は十年近くもこの世界にいて、インテリジェンス・コミュニティの掟を熟知しているはずです。国家機密を漏洩した容疑でＦＢＩに逮捕されれば、厳しい尋問を受け、その果てに終身禁錮刑、それも百年を超える長期禁錮刑で、一生刑務所暮らしをしなければならないことはわかっていたはずです。

佐藤　繰り返しますが、スノーデンは日本円で言えば年収二千万円の高給取りです。高校を中退した元ハッカーとしては、社会的な成功者といっていいかもしれません。大好きなサイバー・スペースで適当にやっていれば、将来もこれだけの収入が保証される。それなのにどうして内部告発に踏み切ったのかという疑問がつきまといます。

手嶋　たしかに、スノーデンが機密情報を暴露して得る経済的な利益などありません。一方で、彼が中国やロシアのインテリジェンス機関によって操られ、エージェントとして使われているという見方もありますが、確かな証拠はない。

佐藤　そうですね。中国やロシアのインテリジェンス機関が関与しているなら、ＮＳＡの機密情報に自由にアクセスできるスノーデンを温存しておくと見るほうが合理的です。極秘で抜群の情報源として、ＮＳＡに忍ばせておいたほうが賢明ですよ。

手嶋　ただ、今後ロシアの情報機関が、スノーデンが隠し持っているアメリカの機密情報を手に入れて利用することはありえるでしょうね。

佐藤　それはありえますね。ロシアのＦＳＢ（連邦保安庁）とＳＶＲ（対外諜報庁）が、スノーデン情報を最大限に利用しようとすることは間違いない。とはいえ、スノーデンがアメリカと対峙する国のスパイであったという話にはなりませんよ。

手嶋　話はいよいよ核心に入ってきました。なぜスノーデンは、祖国アメリカの国家機密を暴露したのか。

佐藤　スノーデン自身はこう語っています。「米政府が世界中の人々のプライバシーやインターネット上の自由、基本的な権利を極秘の調査で侵害することを我が良心が許さなかった」。これこそ、彼を突き動かした真の動機であると見ていいでしょう

彼の動機を知る上で、六月十七日にスノーデンの事実上の遺書ともいえる、ブログに投稿された質問に答えた内容が重要です。「私を刑務所に入れたり殺したりしても、アメリカ政府は真実を隠し通せない。真実の暴露は止められない」。

手嶋　身の危険を想定した上で「遺言」を残しているわけですね。彼はまず、ＮＳＡのハワイ事務所で秘密データのコピーを取り、上司には病気療養のため三週間の休暇が必要だと申告しました。そして五月二十日から香港に渡って一部の活字メディアに機密情報を流して、アメリカ政府と対決する姿勢を鮮明にしました。

佐藤　スノーデンは香港入りした理由を、アメリカでは公正な裁判が受けられないためだと述べています。「米政府は私を裏切り者と断じ、公正な裁判をする可能性をつぶした。秘密裏の犯罪行為を暴露することが、許されない犯罪だとした。これは正義ではない」

「そんな政府に自ら名乗り出るのはばかげている。アメリカの刑務所の外からのほうがより多くの善行ができる」「NSAが国民の監視から逃れることになれば、アメリカ政府への信用はなくなる」。一方、政治亡命と引き換えに中国政府に情報提供したとの見方は全面的に否定しています。「中国政府とは接触していない。もし私が中国のスパイなら、なぜ北京に直接飛ばなかったのか。今頃は宮廷で不死鳥をなでていただろうに」。

サイバー・スペースのアナーキスト

佐藤　先ほどご紹介した、中東の情報大国でインテリジェンス・マスターを務めた人物は、スノーデン事件が発覚した直後、次のように述べています。「スノーデンは思想犯だ。国家や民族が存在しなくても、人類は生きていくことができるという素朴なアナーキズムを信じているハッカーは多い。何かの機会にスノーデンも正義感に目覚めてしまったのだろう。この種の思想犯は手に負えない」。この見立ては正鵠を射ていると思いますよ。

手嶋　一種のアナーキズムに染まった思想犯は、たしかに手に負えない存在ですが、国家間のサイバー戦争に立ち向かうためには、スノーデンのような人物も国家の諜報機関に取り込んで使わざるを得ない。これがサイバー時代のアイロニーなのです。アメリカだけでなく、イギリス、イスラエル、それにロシアでも、インテリジェンス機関はハッカーを重要な戦力にしています。

佐藤　ところが、どの国のインテリジェンス機関も、ハッカーを正規の職員として採用することでは苦慮しているんです。たとえ身辺調査で特に問題が見つからなくても、この人たちの場合は安心できないからです。ハッカーの思想傾向を数年間かけてじっくり調査した後で、正式に採用するのが常なんです。

手嶋　それだけハッカーに共通する、なんと言うか、独自の内面世界があるんですね。

佐藤　そうです。彼らは英語でギーク（geek）と呼ばれることがあります。そのニュアンスは、まあ「変人」や「オタク」といったところでしょうか。しかし、ジョン・カッツが著書『ギークス』の中で描写しているように、「コンピュータ・ギーク」たちは、もはや我々の社会になくてはならない存在になっているんです。官庁でも企業でも学校でも、今日ではコンピュータとネットワークなしでは業務が成り立たない。こうした社会インフラとしてのＩＴを支えているのが、現代のギークたちなんです。このため徐々にポジティブな意味合いを持つようになってきています。

手嶋　まさに「コンピュータ・ギーク」なしに、今日のシギント活動も成り立たない。その一方で、ギークたちはインテリジェンスのオペレーションに、深刻な潜在的危険を持ち込んでいるんですね。

佐藤　そう、それは彼らの思想とも絡んで、厄介な問題を引き起こしています。ギークたちは、ベトナム戦争の時代のフラワーチルドレン（反戦平和を訴えるヒッピー）と同様、国家の組織や大企業で従順に働くことに価値を見出さないですから。

手嶋　彼らは自分たちが大きな組織に身を置いている場合でさえ、組織に従順な他の若者を働き虫の「ワンク」（wonk）と呼んだり、堅苦しいスーツを身につけていることから「スーツ」（suits）と呼んで蔑む風潮さえあります。

佐藤　「ギーク」と「ワンク」の間には一種の文化的対立がありますよね。サイバー・システムが複雑になればなるほど、組織の管理者は、「ギーク」たちに深く依存せざるを得ない。しかし、システムのセキュリティを考えると、一種のリスクを抱え込むことになる。まさしく現代社会が直面している根源的なジレンマです。

手嶋　コンピュータ言語を自由に操るギークたちは、言語、民族、国家に対する意識が次第に稀薄になっていく。まさしく、中東の情報大国のインテリジェンス・マスターが喝破したように、ギークたちの生きている世界は、国家の桎梏《しっこく》を脱したアナーキズムとまことに親和的なのでしょう。

佐藤　その一方、インテリジェンス・オフィサーの職業的良心というものは、国家のためにに全てを捧げることにある。従って、インテリジェンス組織は、本能的にアナーキストに対して拒否反応を抱いてしまうものなんですよ。

元インテリジェンス・オフィサーなど存在しない

手嶋　香港から第三国に出国しようとするスノーデンの機先を制するように、アメリカのオバマ政権は国家の機密を漏洩した容疑でスノーデンを起訴し、彼の旅券を無効にしました。六月二十三日のことでした。スノーデンはこの日、滞在先の香港を発って、ロシアを経由し、中南米に向かおうとしましたが、旅券が失効してしまったため、乗り継ぎの飛行機の切符を購入できなくなってしまったのです。かといって、ロシアに入国もできず、六月二十三日以降はシェレメチェボ空港の国際線トランジット、つまり乗り継ぎエリアでの滞在を余儀なくされてしまう。

佐藤　だからといって、一般の旅行客が利用するトランジット・エリアに足止めされたわけではありません。シェレメチェボ空港には、一般客と切り離された、政府高官や外国の要人用の特別室があるんですが、そこの宿泊設備に収容されたんでしょう。ここではメディアも完全にシャットアウトされます。このようにスノーデンは完全に隔離されているのですが、FSBの監視下に置かれていたことは言うまでもありません。

手嶋　アメリカのオバマ政権は当然のことながら、スノーデンの身柄の引き渡しを強く求めました。米ロ関係の悪化も辞さず、という姿勢でした。これに対して、ロシアのプーチン大統領は二十五日、フィンランドのナーンタリで記者会見し反論します。そもそもロシアとアメリカとの間には、犯罪者の引き渡し条約がないと述べ、スノーデンの身柄をアメリカ側に渡す意思がないことを明らかにしました。その一方でスノーデンはまだロシアの国境を越えていないため、ビザを必要とせず、ロシア政府としては身柄を拘束する考えがないと述べました。アメリカ側は、容疑者であるスノーデンにロシア側が手を差し伸べていると非難を繰り返したのですが、ロシア側は自分たちへの批判は当たらないと反論し、アメリカ政府を牽制しました。

佐藤　しかしながら、プーチン大統領は、このスノーデンという告発者には全くと言っていいほど好意を寄せていないんですね。プーチンという人は、ＫＧＢの第一総局、現在のＳＶＲの前身にあたりますが、ここで工作員として東ドイツで勤務した経験があります。第一線の勤務の経験から、インテリジェンスの世界の掟がいかに厳しいものであるか、皮膚感覚で知っているんですよ。

手嶋　先ほど佐藤さんに紹介してもらった、プーチン大統領の「元インテリジェンス・オフィサーなど存在しない」という言葉には、インテリジェンス機関にひとたび身を置いた以上は、生涯この世界の掟に従い、生涯現役であり、一生国家のために尽くすべきだとする、プーチン大統領の倫理観と厳しい姿勢が滲んでいます。

佐藤　そうなんです。「裏切り者は敵よりも悪い」というのがこの世界の掟です。プーチンが勤務した旧ＫＧＢの場合、敵陣営に寝返った裏切り者は、非公開の欠席裁判にかけられ、死刑を宣告されました。もっとも、実際に裏切り者を消すケースは限られていました。ＫＧＢだって役所なので、予算と人員に限りがありますからね。しかし、裏切り者が死刑判決を言い渡された事実は、国外に逃亡した元インテリジェンス・オフィサーにとって、たとえようもないほどの心理的重圧になります。いつＫＧＢの魔の手が迫ってくるのか、と怯えながら暮らすことになるんですから。こうした厳しい対応は、KGBの現役職員の裏切りを抑止する効果として絶大でした。

手嶋　そんなプーチン大統領の倫理観に照らしてみると、スノーデンを好きになれないのは頷けますよね。スノーデンがロシア国家に協力したスパイならともかく、自ら志願してアメリカのインテリジェンス機関に勤務しておきながら、国家に反逆した裏切り者だと考えているわけですね。

佐藤　プーチンという人はあくまで国家主義者なんです。そんな彼が「米政府が世界中の人々のプライバシーやインターネット上の自由、基本的な権利を極秘の調査で侵害することを我が良心が許さなかった」などという、素朴な正義感を堂々と披瀝するようなインテリジェンス・オフィサーを評価するはずがありません。

子豚の体毛を刈る者

手嶋　佐藤さんが指摘するように、プーチン大統領はスノーデンには一貫して冷ややかでしたが、一方、ロシア国内には「スノーデンのロシアへの亡命を受け入れるべきだ」

と主張する政治家がいましたね。

佐藤　「イズベスチヤ」紙の電子版（六月二十三日付）によると、連邦議会のコストゥノフ国家院（下院）議員は次のように述べています。「スノーデンは、ロシア連邦の安全保障を著しく強化する情報もしくは資料を持っている可能性がある。だから、スノーデンとの協議の結果をマスメディアに出してはならない」「アメリカが外国人を追跡調査しているとスノーデンが認めた。つまりアメリカ人がロシアに対してスパイ活動を行っているということで、これは一〇〇パーセント確実だ」。つまり、スノーデンがロシアを標的にしたサイバー・スペースに関するアメリカのインテリジェンス活動の情報を持っているなら、その身柄を保護してサイバー兵器などについての詳細な情報を知ることができるというものです。

手嶋　このような意見がロシア国内にあることを承知の上で、プーチン大統領は「スノーデンをロシアのために利用すべしという見解には与《くみ》しない」としていましたね。

佐藤　しかし、七月一日の記者会見でプーチン大統領は、スノーデンの亡命受け入れに一つの条件を示しました。「ロシアに残りたいのなら条件が一つある。我々のパートナーのアメリカに損害を与えるような活動をやめなければならない」と。

手嶋　このプーチン発言を、どう読み解けばいいのでしょうか。アメリカのオバマ大統領には、あなたへの配慮もしていますよというシグナルを送りつつ、同時に亡命受け入れにも柔軟な姿勢を示したと一般には受け止められたようです。

佐藤　実際のところは、スノーデンが到底受け入れ難い条件をあえて示すことで、ロシアから一刻も早く離れるよう促したんですね。

手嶋　ところが、スノーデンは、予想に反して、条件を丸呑みしてしまった。それだけ、第三国への渡航が危険になっていたのでしょう。

佐藤　そう。プーチンの予想に反して、スノーデンはこの条件を受け入れてしまった。ロシア連邦移民局は七月二十四日、亡命申請の審査のためにスノーデンの一時滞在を認めました。彼はついに、ロシアに正式に入国を果たしたんです。そして八月一日、一年の期限つきでロシア滞在が認められた。

手嶋　プーチン大統領の意にそまないことではあるものの、「はぐれ鳥」はロシアの懐に逃げ込んできたのですから、ロシアのカウンター・インテリジェンス機関はこのご馳走に手は出すのでしょうね。

佐藤　私もそう思います。ＦＳＢは、スノーデンに対する聴き取りを本格化し、アメリカのシギント情報の入手につとめます。ロシアでは、「米ロ関係が一時は悪化するだろうが、厄介者のスノーデンをタイミングを見てそっと中南米に亡命させ、ロシアに永住させることはしないだろう」という見方が俄然、強いのです。

手嶋　プーチン大統領は、スノーデン個人には終始、冷ややかな反応を示しながらも、最終的に彼の一時亡命を認めました。そしてアメリカ側が、重要な国家機密を漏洩し、アメリカ国民の生命・安全を損なった犯罪者として訴追しているにもかかわらず、スノーデンをジュリアン・アサンジと並べて「人権活動家」と呼び、アメリカ人の自尊心をいたく傷つけました。その結果、オバマ大統領はロシア主催のG20サミットでの首脳会談を取りやめると発表し、米ロ関係は一時的に冷え込む事態となりました。

佐藤　ただ、プーチン大統領は、スノーデンと戦っている連中のことを指して「全員、子豚の体毛を刈っているようなものだ」と揶揄しています。

手嶋　プーチン大統領がこうした場合に使う警句は、それだけで一冊の本に編んでもいいほどに面白いですよね。ロシア社会とロシア人に深く通じていなければ、このニュアンスは十分に楽しめません。さあ、ここは「佐藤ラスプーチン」の出番です。

佐藤　プーチン大統領は、「子豚は毛を刈り取られると、ブヒブヒとたくさん鳴くが、刈り取られる毛は少ない」と言っているんです。子豚はスノーデンを指しているのですから、プーチンという人が、この亡命者をどう思っているか、いまさら説明の必要もないでしょう。

手嶋　その子豚を手に入れて、毛を刈り取ろうとしても、さして収穫はないとワシントンに警告しているというようにも見えますね。

佐藤　そう、スノーデンの身柄を是が非でも押さえようとしているCIAを、プーチン大統領は痛烈に皮肉っているんです。「アメリカという小屋の外にゴミがでてきたと思ったら、家主がすぐに常軌を逸してしまった」と揶揄しているのです。アメリカのインテリジェンス機関からスノーデンのような「ゴミ」が出てきただけで、アメリカはどうしてそんなにうろたえるんだと、かつてKGB将校として鳴らしたプーチンは冷たく言い放っています。

米中首脳会談にスノーデンの影

手嶋　佐藤さんが「本人がそれと自覚せずに修羅場を作りだす男」と見立てたスノーデ

ンは、米ロ関係を緊張させただけでなく、米中関係をも揺るがしました。中国の習近平国家主席は、就任後わずか三カ月で、バラク・オバマ大統領と米中首脳会談に臨みました。二〇一三年六月七日・八日、アメリカ西海岸の保養地で行われたのですが、ここにもスノーデン事件が黒々とした影を落としていました。オバマ政権にとっては、このCIA元職員は「最悪のタイミングであらゆる災厄をもたらす男」でした。

佐藤　オバマ大統領は、習近平主席との会談で、アメリカを標的にしたサイバー攻撃の問題を取りあげて、中国側を締めあげてやろうと手ぐすね引いていたんですね。

手嶋　新興の大国を率いることになった中国の新しい指導者に、中国発のサイバー攻撃を取りあげて先制攻撃を浴びせておこうしたのでした。

佐藤　ところが、会談の直前、アメリカの情報機関が国内や中国を標的に通信を傍受していた疑惑がメディアで派手に報じられてしまった。むろん、ネタ元はスノーデンです。オバマ政権は出鼻を挫かれてしまったわけですね。

手嶋　でも、会談で最大の懸案を持ちださないわけにはいかない。ところが、習近平主席はなかなかにしたたかでした。この問題が話題となるや、困惑した表情を浮かべて「実は、我々もサイバー攻撃の被害者なんです」と応じたのでした。

佐藤　わざわざアメリカを名指しする必要もありませんでした。有力紙が揃って「アメリカ政府が中国や香港を標的にサイバー・スペースに侵入」と報じていたのですから。

手嶋　スノーデン元職員のお陰で、中国はサイバー攻撃の犯人から被害者に、すっと身をかわしてしまったのです。

佐藤　アメリカの指導部は、先制パンチを食らってうろたえ、面目を失ってしまったのでした。「スノーデンの身柄を確保できなかっただけでなく、対中外交でもまごついて、超大国のイメージが随分と損なわれてしまった」と、メディアから散々批判される始末でした。外交専門家も「アメリカ政府は偽善的だと言われる根拠を与えてしまった」と指摘しました。

手嶋　スノーデンが暴露したアメリカのサイバー活動は、情報のプロフェッショナルには常識でしたが、米中首脳会談を前に世界に大きく報じられたことで、アメリカに計り知れないダメージを与えてしまったのです。

第四章　東アジアに嵐呼ぶ尖閣問題

攻める習近平、怯むオバマ

手嶋　日本の知識人の中には、アメリカが苦境に立っていることに「奢れるものは久しからず」と快哉を叫ぶ向きもありますが、まことに愚かと言わざるをえません。日本の同盟国アメリカが中国の先制パンチでふらつけば、日本の安全保障に直ちに影響が出てくるからです。二〇一三年六月、パームスプリングス近郊の旧アネンバーグ邸で二日間、計八時間に及ぶ首脳会談が行われ、習近平国家主席はオバマ大統領をひたひたと攻め続けました。

それは、尖閣問題がどのように扱われたかを検証すれば明らかです。オバマ大統領は会談後、メディアに「領土問題についてはどちらか一方の立場はとらない。双方が話し合いを通じて問題を解決してほしい」と述べました。一見、ごく当たり前のことを言っているように思われますが、日本の安全保障の視点からは重大な問題を孕んでいます。

佐藤　いかなる領土紛争でも、最終的な主権の帰属は、当事国同士の話し合いを通じて解決する――これは国際社会の約束事になっています。オバマ大統領の発言は、この原則を忠実になぞっているように見えますが、問題はそう簡単じゃない。

手嶋　この大統領発言と、二〇一三年の年頭、アメリカ議会が「国防授権法」で尖閣諸島について示した見解を較べてみると問題点は明快になります。国防授権法では、「尖閣諸島に日本の施政権が及んでいるというアメリカの認識は、第三国の一方的な行動によっても変更されることはない。日本の施政権が及んでいる領域が侵略された場合には、日米安全保障条約第五条の条約上の義務を持つことを再確認する」とされています。つまり、アメリカは、尖閣諸島に日本の施政権が及んでいることを認め、中国が尖閣諸島に武力で侵攻してきたときには、日米安保条約第五条に拠って武力行使を躊躇《ためら》わないと述べています。この国防授権法は、議会が有事に際して国防上の権限を行政府に委ねるものであり、その意義は極めて大きいのです。

二〇一〇年九月に尖閣沖で中国漁船が日本の巡視船に体当たりを敢行し、中国人船長が逮捕された事件の直後には、ニューヨークで日米外相会談があり、その席上で、ヒラリー・ローダム・クリントン国務長官（当時）が、「日本が実効支配している尖閣諸島に中国が武力で手をつけるようなことがあれば、アメリカは日米安保条約第五条に基づいて武力発動の用意がある」ことを明らかにしています。冷戦の終結後、日本の安全保障に関わる最も重要な発言と言っていいでしょう。

佐藤　中国政府にとっては、尖閣に手をつければ、アメリカと戦争になると覚悟せざるをえなくなった。オバマ政権の国務長官、国防長官、国家安全保障担当大統領補佐官がそれぞれ訪中するたびに、中国側はこの「クリントン見解」をなんとか切り崩そうと術策の限りを尽くしたのですがダメでした。さしもの中国も、無人島をめぐってアメリカと干戈《かんか》を交える覚悟は持てないですよ。これこそ抑止力の本質です。

手嶋　中国は海洋監視船を尖閣諸島周辺に出没させていますが、海兵隊部隊を尖閣諸島に上陸させないのも、「クリントン見解」でアメリカ側が武力行使の構えを明確にしているからです。ところが、今回の米中首脳会談で、オバマ大統領は、日本の施政権にも日米安保第五条にも、はっきりとは触れようとしませんでした。

佐藤　安倍総理も心配になったんでしょう。会談の後、オバマ大統領に直接電話をかけ、三十分以上にわたって会談の機微に触れる部分を問い質したらしい。

手嶋　オバマ大統領は、同盟国である日本側の懸念は痛いほどわかっています。アメリカが内々にでも厳しい姿勢を中国側に伝えていたのなら、オバマ大統領は安倍総理に充分に説明していたはずです。しかし、納得のいく説明はついに聞かれずじまいでした。

佐藤　このような重要会談が行われたときは、会談の詳細な内容を、国務省の担当者が現地ワシントンの日本の大使か公使に伝えるのが慣例です。これを外交用語でデブリーフィングというのですが、これを基に打電された公電にも、オバマ大統領が尖閣問題で日本の立場を踏まえて毅然とした姿勢をとったことを示す内容は記されていませんでした。

中国共産党は、習近平を新しい総書記に選ぶ二〇一二年十一月の全国代表大会で「海洋権益を断固として守り、海洋強国を建設する」という表現を大会報告に盛り込みました。中国はこれまで膨大な人数の陸軍を擁する紛れもない「陸の大国」でしたが、このときをターニング・ポイントに「海の大国」を目指すことを鮮明に打ち出したのです。

手嶋　そんな新興の「海洋強国」に、オバマ大統領の曖昧な姿勢は誤ったシグナルを送ってしまった可能性があります。これまでアメリカは、「尖閣諸島は日本の実効支配下にあり、日米安保の適用範囲だ」と言い募ってきたのに、明確な姿勢を示さなくなった。有事に際して尖閣諸島を武力で侵しても、アメリカは武力で反撃してこないかもしれない――習近平主席はそう受け止め、中国を武力侵攻の誘惑に駆り立てるかもしれません。

佐藤　習近平の中国は、国際社会で確立されたゲームのルールをいま、一方的に変更しようとしています。だからこそ日本もアメリカも、中国には毅然とした姿勢で臨み、曖昧な態度を見せてはいけないんですね。

手嶋　尖閣での中国漁船衝突事件への民主党政権の対応がその典型でしたが、中国の意図について根拠なき楽観的な見方がいまの日本ではまかり通っています。

「敵艦見ユ」の至急報

手嶋　先日、司馬遼太郎さんが終《つい》の棲家とし、執筆場所とした河内小阪《かわちこさか》（東大阪市）の記念館に招かれました。安藤忠雄さんが設計したという建物は、書架が地下一階から地上二階まで吹き抜けになっていて壮観です。朔北《さくほく》の地に築かれた城壁を思わせる、高さ十一メートルに及ぶ書棚には、司馬作品の初版本や夥しい資料本が石積みのように並んでいます。ここで、一九八〇年秋に出遭った「北京における司馬さん」の思い出を語ってきました。

佐藤　話に聞いたことはありますが、実際に訪れたことはありません。司馬遼太郎さんの小説やエッセイはかなり読んだので、一度訪ねてみたいですね。

手嶋　その折に、『坂の上の雲』の初版本を手にとって、日露戦争の日本海海戦を描いた章のページをパラパラとめくっているうち、バルチック艦隊発見のシーンに引き込まれてしまいました。山原船《やんばるせん》に乗り組んでいた島人がバルチック艦隊のただ中に紛れこんでしまい、「敵艦見ユ」の報せを宮古島にもたらす場面です。筆を執る司馬さんの息遣いが伝わってくるようでした。

佐藤　小学生のときに父親に連れられていった映画で、あのシーンを見たのを覚えています。丸山誠司監督で、三船敏郎さんが東郷平八郎、仲代達矢さんが明石元二郎《もとじろう》に扮した『日本海大海戦』（東宝、一九六九年）です。当時の宮古島の人々の衣装や沖縄の伝統的な小船であるサバニが見事に再現されている。ただ、役者が話す方言が沖縄のものではないので違和感が残っています。実は僕の母親は沖縄の久米島出身です。この宮古島の勇士の話を、母は子供の頃からよく聞かされたということです。

手嶋　宮古の島司《しまつかさ》（島庁の長）は、当時ただ一つ電信局があった八重山群島の石垣島に行ってくれる若者を募りました。これに応じた五人の漁夫は、杉の芯をくりぬいた全長わずか五メートルのサバニで、遥か百七十キロ彼方の石垣島を目指します。司馬遼太郎さんは「この一行は羅針盤さえもっておらず、ただ与那覇蒲の方向探知のかんにだけたよって漕ぎすすんだ」と記しています。

佐藤　明治という時代が持っていた雰囲気がじかに伝わってきますね。昭和の日本が生んだ文明史家とも言うべき司馬遼太郎は、このくだりで日露戦争をこう表現しています。「近代国家というとほうもなく重いものが出現したため、農村漁村の青年が思いもよらぬ満州の戦野につれてゆかれてロシア人と対峙しているように、垣花善《かきはなぜん》（注：五人の漁夫の一人）もまた、みずからすすんでのことであったが、石垣島まで命がけの航漕をしなければならなかった」と。

手嶋　明治の青年士官たちばかりでなく、宮古の漁師たちも、なんとひたむきで魅力的な男たちだったのだろう、としばしページを閉じることができませんでした。

いま佐藤優さんが「昭和の日本が生んだ文明史家」と表現したとおり、司馬遼太郎さんも昭和という時代の思考の制約を当然のことながら受けています。もちろん、琉球地域が独自の歴史や文化を湛えていることを誰よりも承知し、「街道をゆく」のシリーズでも琉球の各地をこつこつと訪ね歩いています。しかしながら、昭和の時代の作家として、本土と琉球を政治的に一つのものと捉えてそのことを疑っていません。

沖縄に分離独立の兆し

手嶋　前回、佐藤さんと対論（『動乱のインテリジェンス』新潮新書）して、わずかに一年ですが、その折、「沖縄に分離独立の兆しが芽生え始めている」という佐藤さんの見立てを様々な視点から検証しました。メディアの常識からは、奇矯な少数意見と見られていたはずです。

佐藤　主権国家は領土を礎に成立しています。尖閣諸島で、日中が戦火を交えるという事態になれば、戦略上の要衝、沖縄に重大な変化が生じるでしょう。沖縄にかつては琉球王国という独自国家があり、この国は中国から侵略された歴史を持っていない。だから、尖閣が有事となり、沖縄が戦火に巻き込まれそうになったときには、沖縄は中央政府から分離する動きをみせるかもしれない。日本の統合が根本的な危機に瀕することになりますよ。

二〇一三年五月十五日には、龍谷大学の松島泰勝教授を中心に「琉球民族独立総合研究学会」が創設されました。それを捉えて中国の新聞が、沖縄の分離独立を意図的に促すような報道をしました。僕は沖縄独立には反対です。しかし、本土の政権がこれまでの惰性で沖縄の米軍基地問題を扱っていれば、本土から沖縄を引き離す遠心力が強まることは、客観的に見て確実ですよ。

手嶋　アメリカの政治指導者や戦略家たちの思考もまた、冷戦期の惰性に流されたままです。かつて独立した王国だった沖縄の戦略的重要性を、心から理解しているとは言い難い。現在の政権党である自由民主党にしても、民主党に政権を奪われる以前の段階で、普天間基地を辺野古に移転できたはずなのですが、情勢判断を誤ったアメリカ国防総省に引きずられ、基地問題という「トゲ」を抜き去る機会は喪われてしまいました。

佐藤　いまや東アジア政局の台風の目である尖閣諸島も、沖縄県石垣市に属し、この海兵隊普天間飛行場からさほど遠くありません。いまこうしている間にも、中国が新たに組織した中国海警局に所属する監視船団が、尖閣諸島沖にしばしば出没している。その時々の政治情勢を睨みながら、もう三百回近くも日本の領海を侵犯しています。つまり、

『坂の上の雲』の舞台でもある石垣島に連なる尖閣諸島こそ、東アジアの火薬庫なのです。

手嶋　隣りの大国がわが領土を窺うなどという事態は、冷戦期にもなかったことです。日本を取り巻く安全保障環境が変わりつつあります。中国の海洋監視船が日本の領海を侵犯したというニュースが日常の出来事として扱われる。恐ろしいことです。

佐藤　領土はまさに国家の礎です。それゆえ日本外交の主要な目標は、日本の領土である南の島々への中国の脅威を取り除くことです。二〇一〇年九月に起きた海上保安庁の巡視船への中国漁船衝突事件以降、中国は、本気で尖閣諸島を奪い取る意図を抱くようになったと見ていいでしょう。

手嶋　佐藤さんはいま淡々と「中国の意図は尖閣奪取にあり」と言いきりましたが、この見立ては、現在の日本において必ずしも国民的な合意になっていません。でなければ、日中関係に配慮して、検察当局が中国漁船の船長を処分保留で釈放するなどということが起こりうるわけがありません。

佐藤　この私が検察当局を弁護するのも妙ですが、あれは外務省の中国課長が石垣島に乗りこんでいって、「もし船長を起訴したりすれば、中国政府の怒りに火をつけることになる」と検察サイドを説得したからなんです。こうした説得の背後に、当時の民主党政権首脳の判断があったことは、関係者の証言でも明らかになっています。

手嶋　しかし、こんな事件が起きてもなお、「日本の安全保障にとって中国こそ主要な脅威だ」と断じることもなければ、その政策の舵が切られたわけでもない。二〇一三年版の『防衛白書』では、北朝鮮の核実験を「わが国の安全に対する重大な脅威」と表現しているのに、中国側の尖閣諸島への攻勢については「力による現状変更の試みを含む高圧的とも指摘される対応を示して」いる、とおずおずと書いているにすぎません。

佐藤　尖閣諸島沖で日中の武力衝突が発生すれば、沖縄では中央政府からの分離傾向がさらに強まるでしょう。それは、わが国家の統合が危機に瀕してしまうことを意味します。いますぐにでも、防衛力、政治力、経済力、インテリジェンス力を総合した戦略的な対中国戦略が必要です。

だからと言って、誤解しないでいただきたい。中国との臨戦態勢を想定して、日本の軍事力を直ちに増強すべきだなどと主張しているのではありませんよ。中国が真の脅威であるからこそ、「日本政府としては、誠実に、着実に、中国と安定した友好関係を築いていく」と国際社会に訴えていく必要があるのです。

手嶋　にもかかわらず、日本にはいまだに新たな国家戦略がありません。新たに創設される日本版ＮＳＣ（国家安全保障会議）の最大の責務は、新たな対中戦略を策定し、究極の有事に備えることにあるはずです。

佐藤　これも、中国を標的にした戦争計画を一刻も早く策定すべしと煽っているのではありません。中国がいまや真の脅威であるからこそ、表面的には中国との安定した友好関係をと呼びかけるべきでしょう。歴史認識や戦没者の追悼などで、中国側に日本攻撃の口実を与えてはなりません。民主主義陣営の要である日本の側に、国際世論をぐんと引きつけておくべきなのです。

東アジアの球面争奪戦

手嶋　いまやアジア半球が世界を動かしていると言われます。たしかに、全ての経済指標は、東アジアこそ世界経済の推進エンジンであることを示しています。同時に、この地域は各国の国益がぶつかりあう「動乱の半球」でもあります。急速な経済発展を背景に軍拡を続ける中国の攻勢を牽制するためにも、日本は国際世論を自らの側に引きつけて、外交の主導権を握っておかなければなりません。

安倍内閣は地球規模の外交を展開して、対中包囲網を築こうとしていますが、日本がひとたび外交の舵取りを誤ってしまえば、中国の巧妙な外交キャンペーンによって、逆に「対日包囲網」を張られかねません。プロレスには四の字固めという技がありますが、相手を抑え込んだと思っても、気づくと自分が抑え込まれている怖れがあります。

佐藤　手嶋さんは、地球儀のアジア半球の球面を使ってよく「包囲」と「逆包囲」の関係を説き明かしていますが、示唆に富んだ解説です。球面では、どちらが包囲し、包囲されているかが、本質的に定かではありません。中国に脅威を感じている東アジア諸国と共に対中包囲網を張っていると思っていても、ふと周りを眺めると日本が取り囲まれていたという事態も起こりうるんですよ。中国と韓国は、そのための手段として、歴史問題をじつに巧みに使ってきています。

手嶋　事実、半世紀を超える同盟国にして包囲網の中核を担うアメリカから、過去の歴史に対する日本の認識に危惧の声があがっています。

佐藤　歴史認識や靖国問題などをめぐって、日米の間に不協和音が生じれば、中国がそれを逆手にとって対日包囲網を構築しようとするでしょう。いまは国際世論を日本により引き寄せておくべきときで、対日攻撃の口実を与えてはいけないんです。
だからこそ、韓国との関係改善を優先すべきです。韓国とは、自由や基本的人権など民主主義の価値観を共に分かち合うことができ、また政治指導者も国民の選挙によって選ばれるからです。日韓関係に鋭く突き刺さった「トゲ」、竹島問題と慰安婦問題では、中国の外交攻勢を念頭に置いて、賢明にさばいてみせる外交的知恵がいまこそ必要なんです。安倍政権も韓国に対しては、あえて大胆な譲歩をして見せる覚悟があってもいい。大きな戦略的構図の中では、「一歩後退、二歩前進」も辞さないという懐の深さが欠かせません。

手嶋　それこそが、東アジアの政局を生き抜く外交の知恵ですね。二〇一三年八月十五日の光復節（日本からの独立記念日）を前に、最大野党民主党の国会議員十二人が竹島をヘリコプターで訪れ、日本政府に歴史問題などの姿勢を変えるよう求めて気勢をあげました。安倍政権は、外交ルートを通じて抗議はしましたが、抑制的な対応に終始しました。上陸したのが大統領や閣僚など政府関係者ではなく、野党の国会議員だったことを理由にあげていますが、そこには安倍政権の戦略的な狙いが込められているはずです。

佐藤　私もそう思います。安倍政権が主敵と思い定めているのは、韓国ではなく中国だからでしょう。中韓を戦略的に分断しようという狙いがあるんですね。

繰り返しになりますが、韓国は、政治指導者が国民の選挙によって選ばれる民主主義国です。共産党や人民解放軍のパワーエリートが権力を独占し、民意とは隔絶している中国とは、統治の形が本質的に異なります。たしかに韓国は竹島を不法占拠していますが、だからといって近い将来、対馬までを奪い取ろうとはしないでしょう。対して中国は、日本固有の領土である尖閣諸島を真剣に奪おうとしています。だからこそ、中韓の間にくさびを打ち込み、中国を民主主義諸国で包囲する外交に知恵を傾ける必要があるのです。

こうした観点から、竹島問題、慰安婦問題、戦時下の韓国人労働者への日本企業の賠償問題については、韓国に対して大胆な妥協を図るべきと思います。安倍内閣はこうした外交的な機微をわかっているはずですよ。だから韓国の国会議員が竹島に上陸しても、抑制的な対応をしているんです。

手嶋　一方の韓国も、日本のこうした対応を「弱さ」の表れとして、受け取るべきではありません。外交の懐が深いことは、むしろ「勁《つよ》さ」の表れなのです。朴槿恵《パククネ》政権は、国内の対日強硬派を抑えて、日本のこうした前向きなシグナルに応じることができるか、その器量が問われていますね。しかし、韓国政府と水面下でやりとりを続けている日本側のキー・パーソンの一人は、「韓国側は依然として柔軟な対応を見せようとしていない」と話しています。それを裏付けるかのように、旭日旗を使った者を処罰する法案が議会に提出されるなど、日韓の軋轢は収まる気配がありません。

しかし、韓国側は日本との関係をここまで悪くしておいて、一体どうしようというのでしょうか。朝鮮半島の有事が現実になったとき、在日米軍が前線に出動するには、日米安全保障条約に基づく取り決めに従い、アメリカ側から日本に事前協議が提起されることになっています。日本政府はこれに「諾否」を表さなければならない。いまのようなささくれ立った日韓関係が続けば、日本政府が常に「イエス」というとは限らない。件《くだん》のキー・パーソンがこう指摘したところ、韓国政府の高官は思わず黙り込んでしまったそうです。

佐藤　この人物はかなりの切れ者ですよね。安倍首相の側近にそういう人がいることは安心感につながります。日韓の外交的摩擦が臨界点を超えてしまえば自国の安全保障が損なわれることくらい、韓国の心ある政治指導者はわかっているはずです。私たちがこうしてメディアを通して「安倍内閣は妥協すべきだ」と言っているうちに、日韓両国の当局者は水面下で解決策を模索したほうがいいと思います。

外交の武器としての道義

手嶋　日中韓の各メディアは揃って、「中国の軍事力の増強」や「韓国の反日キャンペーン」を大きく扱っています。こうした日々の報道に刺激されて、人種的嫌悪を暴力に訴える「ヘイト・クライム」や、人種差別を口汚く表現する「ヘイト・スピーチ」が後を絶ちません。アジアの国同士でこうした振る舞いを繰り返すことほど、哀しく愚かなことはありません。

私は、日本の若い方々と現在のアジア情勢を議論するとき、いまは亡き中国文学者の竹内好さんの著作を読んでみてはと薦めるようにしています。戦時中に発表された『魯迅』（「竹内好セレクションⅡ」収録・日本経済評論社）をはじめ、『方法としてのアジア』（創樹社）などの論考は、いま読んでも少しも色あせていないからです。

佐藤　魯迅については、代表作『阿Q正伝』や『藤野先生』も、竹内好先生の作品と共に読んでほしいですね。これらの優れた作品は、今後の日中関係を考える上で多くの示唆に富んでいます。

手嶋　竹内好という人は、戦前、旧制大阪高等学校から、無試験だったという理由で東大の支那文学科に進んだのですが、縁あって旧満州の諸都市や北京を訪れたことで、この国の素顔に触れます。この頃、新生中国は生みの苦しみの中にあった。動乱の中国と遭遇することで、借り物でない視点からアジアと向き合う知の人が誕生したのです。とはいえ戦前の学生は、ドイツ語やフランス語を学び、欧米流の知識を教養の基礎としていましたから、現地で中国語をじかに学び、新しい文体で発表された魯迅作品に親しむなどということは、そもそも極めて希有な体験でした。

竹内好は「中国のレジスタンス」という文章の中で、林語堂《りんごどう》が書いた小説『北京好日』を取りあげています。彼は戦前の中国では思想的に最右派に位置していたのですが、日本人船員にヘロインを教えられた中毒患者の自力更生の姿を描くことで、日本軍が中国に大量のアヘンやヘロインを密輸して戦費を賄っただけでなく、人々の精神を深く蝕んでいた実態を鋭く告発しました。竹内好は、この小説によって、中国人の抵抗意識の強さと日本人の道徳意識の欠如が際立っていると指摘し、「中国の抗日民族戦線の土台となった国民倫理の高さにくらべると、日本にはほとんどそれが欠けていた」と断じています。

佐藤　残念ながら、日本軍によるアヘンやヘロインの製造を否定することができる人はいないでしょうね。日本の軍部が、支配下にあった朝鮮の平壌でアヘンやヘロインの精製工場を経営し、大量の禁制品を中国大陸で売りさばいていたことは、いまや歴史的事実として確定していますから。

手嶋　林語堂は、小説の登場人物をして「徳のあるものは水を銀に変えるが、徳のないものは銀を水に変える」と語らせています。中国の国共内戦も、アヘンやヘロインを厳しく禁じた側が勝利に終わったのです。佐藤さんが挙げた魯迅も、そうした革命精神を体現した作家でした。しかし、その中国も革命から半世紀以上が経って、前衛党であった中国共産党の内側では、凄まじいばかりの腐敗が進んでいます。それはハブの獰猛な毒を彷彿させます。

佐藤　前作『動乱のインテリジェンス』で検証した薄熙来《はくきらい》事件も、所詮は氷山のほんの一角にすぎません。「権力は腐敗する、絶対的権力は絶対的に腐敗する」と言います。これはとりわけ独裁体制下の政治権力は、凄まじいばかりの速度で蝕まれていきます。これは政治の公理なんですよ。

手嶋　延安の洞窟から北京に入った毛沢東も、この公理からついに逃れることはかないませんでした。ましてや現在の政治指導者や上層部のように、党幹部の子弟たちが徒党を組む太子党や共青団（中国共産主義青年団）を足がかりに権力の階段を攀《よ》じ登ってきた人間たちが、腐敗と無縁であるはずがありません。こんな独裁体制と対峙するとき、最も有効な我々の武器は、軍事力でも情報力でもない。「道義の力」です。

竹内好という孤高の思想家は、「中国のある友人へ」（『方法としてのアジア』収録）と題し、かつて北京滞在中に偶然知り合った友人への書簡の形を借りた文章を書いています。中華人民共和国が誕生した翌年の一九五〇年のことです。竹内好は、「中国人がどう考えるかと考えるとき、この友人がどう考えるかと問いかけた」と書いています。新進の経済史家だった友人は、専門外の芸術や文学にも造詣が深く、竹内好はこの友人を通じて中国の文化の深さに活眼《かつがん》を開かされたといいます。そして「文化の深さは、蓄積の量ではなく、それが現在あらわれる抵抗の量によって測られる」と書き、全中国の民衆の目に見えぬ抵抗の力がどれほど大きかったかと述べています。その事実に当時は気づかず、北京滞在中にこの友人をそっといたわるつもりになっていた自らを愧《は》じています。列強から侵されている当時の中国人の抵抗意識が、苦難の歴史の中でどれほど悠々と、逞しく鍛えられていたか。革命が成って初めて悟ったことを率直に明かしています。物静かな中国の友人の中に滾《たぎ》っていた、抵抗精神の真髄を見てとったのでしょう。

翻って、二十一世紀のいま、中国はその経済力を後ろ盾に空母機動部隊を建設し、「海洋強国」を呼号しています。竹内好は「中国のレジスタンス―中国人の抗戦意識と日本人の道徳意識」という文章を残していますが、むしろ今は、「日本人の抵抗意識と中国人の道徳意識」という文章が書かれてもいい状況でしょう。だからこそ、日本の抵抗線を形づくる道義的な高みが問われているのです。遥かな道義的高みに拠って、中国の力の政策に抗うことこそ肝要です。その上で凛として国土を守り抜く姿勢を示す。さらに、最後の最後の拠り所として、中国に痛打を浴びせる力を蓄積しておく。

この三つの、どれか一つでも欠けてしまえば、やがて尖閣諸島は中国の手に落ちてしまうでしょう。

波紋広げる麻生発言

手嶋　佐藤さんは先ほど、「自由や民主主義といった価値観を分かち合う」と言いましたね。これは現代日本の外交・安全保障を考える上での核心部分です。私は、日本の若い方々にアメリカの力の行使について次のように説明しています。

「中国が尖閣諸島を侵そうとするとき、アメリカ大統領は何故、沖縄の海兵隊の若い兵士に前線に赴くよう命じるのか。アメリカの戦術的な理由からでは決してありません。戦後の日本は、国際社会で光り輝くような民主主義国家であり、その一部である尖閣諸島を一方的な力の支配に委ねてはならない——。アメリカ大統領は、自由や民主主義といった同じ価値観を分かち合う日本のために、若い海兵隊員に死地に赴くよう命じるのです」と。アメリカ大統領にとっては、自国の若者を戦場に送る決断以上に重い決断はありません。

佐藤　ところが、本当に日本は、自由や民主主義という共通の価値観を分かち合えるのか、アメリカが疑いを持たざるをえない出来事が持ち上がりました。二〇一三年七月二十九日、東京都内のシンポジウムで麻生太郎副総理兼財務相は、ナチスが民主主義の手続きに従って権力を掌握したという驚くべき認識を示したのです。

手嶋　正確な事実関係を踏まえて、冷静に議論を進めるため、麻生発言を当日の記録から採録してみましょう。

「僕は四月二十八日、昭和二十七年、その日から、今日は日本が独立した日だからと、靖国神社に連れて行かれた。それが、初めて靖国神社に参拝した記憶です。それから今日まで、毎年一回、必ず行っていますが、わーわー騒ぎになったのは、いつからですか。昔は静かに行っておられました。各総理も行っておられた。いつから騒ぎにした。マスコミですよ。いつのときからか、騒ぎになった。騒がれたら、中国も騒がざるをえない。韓国も騒ぎますよ。だから、静かにやろうやと。憲法は、ある日気づいたら、ワイマール憲法が変わって、ナチス憲法に変わっていたんですよ。誰も気づかないで変わった。あの手口学んだらどうかね。わーわー騒がないで。本当に、みんないい憲法と、みんな納得して、あの憲法変わっているからね。ぜひ、そういった意味で、僕は民主主義を否定するつもりはまったくありませんが、しかし、私どもは重ねて言いますが、喧噪のなかで決めてほしくない」

佐藤　日本語を常用する人がこの記録を素直に読めば、「ナチスは憲法を変えることを大きな騒ぎにしなかったので、国民もいい憲法だと納得した」のだという、ナチスの手口を肯定的に捉えた主張だと受け取るでしょうね。

手嶋　これに対して、麻生副総理は、八月一日、ナチスを例として用いたことは「誤解を招く結果となった」と発言を撤回しましたが、謝罪はしませんでした。これでもなお批判が収まらないとみたのか、翌二日には「狂騒の中でナチスが出てきた悪しき例として我々は学ばないといけないと言った」と改めて釈明しました。

佐藤　しかし、謝罪する考えはないと批判を退け、野党などからの閣僚・議員辞職の要求にも「辞職するつもりはない」と退けました。麻生副総理は、悪いことをしたと思っていないのですから、謝罪や辞職に応じないのは、ご本人の論理としては当然なんでしょう。

手嶋　シンポジウムで麻生氏は、憲法改正の発議要件に関わる発言もしています。これも正確を期すため、そのまま採録します。「僕は今、三分の二という話がよく出ていますが、ドイツは、ヒトラーは、民主主義によって、きちんとした議会で多数を握って、ヒトラー出てきたんですよ。ヒトラーはいかにも軍事力でとったように思われる。全然違いますよ。ヒトラーは、選挙で選ばれたんだから。ドイツ国民はヒトラーを選んだんですよ。間違わないでください」。しかし、この〝講義〟は歴史の事実からかけ離れています。

佐藤　話の内容を実証的に覆すことは簡単です。ナチス党は一九三二年十一月六日の選挙で第一党になったものの、得票率は三三・一パーセント、議席にして百九十六議席（六百五十六議席中）にすぎませんでした。年が明けて一月三十日、アドルフ・ヒトラーは首相に任命されたものの、入閣した党員はヒトラー含め三人のみ。そこで、二月に入ると議会を解散してしまうのです。さらに同月二十七日、国会議事堂の放火事件が起きると、ヒトラーはこの犯行を共産党の策謀と決めつけて共産主義者の大量逮捕に踏み切り、さらに共産党議員の逮捕命令も出した。その結果、三月の選挙において、ナチス党は得票率四三・九パーセント、二百八十八議席を獲得したのでした。

その後、立法権を国会から政府に移譲する「全権委任法案」を議会に提出しました。これは事実上、ワイマール憲法を修正するもので、総議員の三分の二以上が出席し、その三分の二以上の賛成が必要でしたが、与党はそれに及ばなかったため、規則を修正するなどして、なんとか賛成に持ち込み「全権委任法」を成立させたのです。

麻生副総理が言う「ヒトラーは、民主主義によって、きちんとした議会で多数を握って、ヒトラー出てきたんですよ」という言説がまったく歴史的事実に基づいていないことは明白です。

手嶋　この麻生発言が、その文脈を歪曲されてメディアに伝えられているという指摘が一部にありますが、誤解のしようなどありません。国際的なユダヤ人ネットワークでロサンゼルスに本部を置くユダヤ系の人権団体のサイモン・ウィーゼンタール・センター（SWC）は、発言の翌日に声明を発表し、麻生氏に釈明を求めました。そして、「民主主義を密かに無効にするナチス政権のやり方の、どこに学ぶ価値があるというのか」と批判しています。

反知性主義の政治学

佐藤　こうした発言の背景には、反知性主義の政治があると言わざるをえません。あらかじめ断っておきたいのですが、反知性主義者とは決して無知蒙昧な人ではないということです。麻生さんは高等教育を修了し、アメリカのスタンフォード大学やイギリスのロンドン・スクール・オブ・エコノミクスにも留学した経験があり、外相や首相まで歴任して、数々の国会の論戦もこなしています。そんな人物でも、実証性や客観性より独りよがりな物語に重きを置いてしまえば、反知性主義者になるのです。自己の権力基盤を強化するために、恣意的な物語に手を染めれば、反知性主義に搦《から》め取られてしまいます。

手嶋　この反知性主義については、アメリカに暮らす前は言葉では知っていましたが、実際にアメリカ社会でどれほど影響力のあるものかわかっていませんでした。大統領選挙の取材でロッキー山脈沿いのキリスト教右派の地盤を回ってみて、「ああ、これほど」と蒙《もう》を啓《ひら》かれました。反知性と言いますから、なんの知識も持ち合わせていない人たちと思いがちですが違うのですね。彼らは意図して新しい知識や科学の知見を受けつけようとしない。そもそも公的な教育に神の子である子弟を委ねない人々なのです。福音派の教会から送られてくる教科書を使って自宅で親が学ばせている。そこにはダーウィンの進化論など存在しません。

佐藤　彼らはアメリカ社会では決して少数派じゃないですよ。

手嶋　「福音ベルト地帯」と呼ばれるほどですから、何千万という人々が、こうした暮らしを送っており、保守的なアメリカの骨格の一部をなしています。「アイビー・リーグの名門大学で学んだ連中は、知識をひけらかして、一つの問題をあれこれ検討したがるために、結局何一つ決断ができない」などと蔑まれているのです。また、競争の厳しいビジネス社会でも、複雑な理論より役に立つ発明が尊ばれ、物事を果断に決めて前に進むビジネス・リーダーが尊敬されています。
「東部エスタブリッシュメント」から権力を奪取したいと願う政治家が、実業界やこうした「福音ベルト地帯」を拠り所にしないわけはありません。アメリカ政治の潮流はいまや、彼らが主流だといっていいほどなのです。世論への絶大な影響力を誇るテレビ伝道師は、知性を敵視する文化的伝統から生まれてきました。彼らの巧みな説教は、科学的事実や歴史的事実と意図して訣別することで絶大な影響力を手にしているのです。

佐藤　この反知性主義と決断主義は硬貨の表と裏なのです。決断主義では「つべこべ言わず、俺がやれといったことをやれ」という政治指針が出てくるからです。従って、反知性主義者は、独特なプリズムを持っており、自らにとって都合がよいことが大きく見え、都合の悪いことは縮小され、視界から消えてしまいます。もっとも、彼ら反知性主義者に実証的批判をいくら突きつけても無駄なんですよ。反知性主義者は、実証性や客観性に基づく反論をいくら浴びても、痛くも痒くもない。

手嶋　橋下徹大阪市長のメディアへの反論がまさしくそうですね。従軍慰安婦問題でも在日米軍兵士への「風俗店活用のススメ」でもそうでしたが、自分の発言が対外関係の文脈に置かれたときにどう受け取られるか、その省察を著しく欠いています。橋下市長は、麻生発言にこうコメントしています。「行きすぎたブラックジョークだったのではないか。ナチス・ドイツを正当化した発言でないのは国語力があればすぐわかる」と。一般的な国語力さえあれば、ブラックジョークなどではないことがわかるはずです。

佐藤　ロシアには「冗談にも必ず部分的な真理がある」という俚諺《りげん》があります。橋下市長の発言も反知性主義に基づくものですよ。ロシアでは、国民の間にナチスに対する強い忌避感情があります。麻生発言によって、日本がナチス・ドイツの同盟国であったという過去の歴史が想起されれば、「そのような国に対して南クリル諸島（北方領土に対するロシア側の呼称）を渡す必要はない」という世論が強まるでしょう。麻生発言は、北方領土交渉にも不必要な障害を作り出してしまいました。

手嶋　言うまでもなく、今後の日本外交に無視できない悪影響を与えていますよね。アメリカでも、かつて日本がヒトラーのドイツとムッソリーニのイタリアと同盟国であった歴史的事実と結びつけて受け取られてしまいます。

佐藤　自由と民主主義という、国際社会で主流となった価値観をあえて認めない――。こうした傾向がいま、日本の政治エリートの中で強まっているのではないでしょうか。いまのアメリカにとって、ナチス・ドイツと現在のドイツ連邦共和国はまったく別の国家であり、同様にかつての敵国だった大日本帝国と現在の日本国も、まったく別の国家になったという前提でいまの日米同盟は成立しています。それなのに、麻生発言はこの前提を突き崩す危険を孕んでいるのです。

手嶋　一方、中国と韓国では、ナチスを評価する麻生発言は、日本の政治エリートが密かに持っていた歴史認識を顕在化させたものだと捉えられています。中国と韓国は「日本が軍国主義的、ファッショ的過去を清算していないため、首相と外相を経験し、現在も副総理兼財務相という要職にある麻生氏がかかる発言を行うのだ」と対日攻勢を強めてくるでしょう。慰安婦問題、尖閣問題、竹島問題の根底にも、歴史認識の問題があるという主張です。

佐藤　二〇一三年七月三十一日付の「ウォール・ストリート・ジャーナル」でサイモン・ウィーゼンタール・センターのクーパー副代表は「麻生副総理は、ナチス・ドイツの支配力が素早く世界を地獄に連れ込み、第二次世界大戦の甚大な恐怖に人類を巻き込んだことを忘れたのか。統治をめぐるナチス第三帝国からの唯一の教訓は、権力の地位にある者がどう振る舞うべきではないかということだけだ」と述べています。さらに、クーパー氏は別の場で橋下発言も取り上げ、「ブラックジョークとして扱ってはならない事柄がある」と厳しく批判しています。

手嶋　日本を訪問したときに、「原爆を投下された広島と長崎の人々の苦しみが冗談にされているのを聞いたことがない」とも指弾しましたね。

佐藤　麻生発言が日本外交に対して今後与える影響を、安倍政権は過小評価している。それは、反知性主義のプリズムにかけて事態を眺めているからです。そのために国際社会の中で、麻生発言とそれに対する日本の政治エリートの対応が、「日本が、ナチス・ドイツとの同盟国であった軍国主義的な大日本帝国に回帰しようとしている」と見られているという現実を、客観的に認識することができないのです。

解釈改憲派の内閣法制局長官

佐藤　このような状況で安倍政権は、外務官僚の小松一郎駐仏大使を、法案審査や法解釈を担う内閣法制局の長官に据えました。とりわけ憲法解釈の変更は、集団的自衛権の行使が容認される可能性があるものです。その責任者に外務省出身者が初めて起用されたのは、集団的自衛権行使の環境を整えようとしているからだと、メディアは一斉に報じましたね。

手嶋　小松一郎氏は国際法局長などを経て駐仏大使を務めていました。第一次安倍内閣では、二〇〇七年に設置された首相の私的諮問機関「安全保障の法的基盤の再構築に関する懇談会」（安保法制懇）で事務方を務め、集団的自衛権の行使を禁じた憲法解釈の見直しに積極的な役割を果たしたことで知られています。集団的自衛権とは、同盟国が攻撃された場合などに共同して軍事行動をとれる権利を言うのですが、歴代内閣は内閣法制局の見解を踏まえ、「憲法九条との関係で行使できない」と解釈してきました。

佐藤　しかし安倍総理は安保法制懇を再開して、憲法解釈変更に向けた議論を本格化させていますね。一連の人事もセットで構想されたものです。

手嶋　外務省としては、内閣法制局長官のポストを小松氏がとった見返りに、前任者だった旧通産省出身の山本庸幸氏に最高裁判事の椅子を譲ることになった。このポストには、もともと外務事務次官経験者を送りこんでいたのですが、それを一時どかしたのです。じつに周到に布石が打たれたことになります。さらに頃合いを見計らって、改憲に好意的なメディアにリークして、解釈改憲の流れを巧妙に演出したのです。

佐藤　安倍政権は、憲法改正に直ちに着手することができないので、集団的自衛権に積極的な小松氏を内閣法制局長官に据え、解釈改憲を進めようとしているのでしょう。

　この手法は、ナチスがワイマール憲法を改正せずに国家体制を抜本的に転換したのと似ていますよ。ドイツの憲法学者オットー・ケルロイターは、一九四〇年ころまでナチス政権下における憲法理論の第一人者でした。戦争中にはナチス批判に転じたのですが。ケルロイターは、『ナチス・ドイツ憲法論』で、英米法のように解釈に幅のある憲法は指導者により体現されることとなるので、指導者国家の法律や命令は必ずしも憲法の縛りを受けないと主張しています。麻生副総理兼財務相の「（ナチスの）手口に学んだらどうかね」という発言は、冗談ですまされなくなります。ワイマール憲法自体の改正を迂回し、ナチス体制を構築した技法が、そこには埋め込まれているのですから。

手嶋　たしかに、欧州の近現代史を精緻に学んだ知識人がこの麻生発言を聞いたら、思わずぎょっとするでしょうね。ああ、いまの日本にもこんな政治勢力が台頭しているのかと。我々は麻生さんのことを比較的よく知っていますので、それは深読みだと思うのですが、彼らにはなかなか納得できないでしょう。

第五章　海洋覇権のなかのＴＰＰ

二十一世紀の「帝国」の条件

手嶋　佐藤さんは、二十一世紀という世界を生き抜くには「帝国」じゃなければダメだと『動乱のインテリジェンス』で主張していましたね。日本では「帝国主義の時代」というと、すぐに十九世紀の大英帝国や大日本帝国を思い描く人も多いと思います。佐藤さんがいう「新しい帝国」とはどういうものか、いま一度、読者に説明してくれますか。

佐藤　二十一世紀のいま、日本をはじめとする世界の主要なパワーである大国群は、「帝国」の形態をとらなければ生き抜いていけない、と私は言い続けてきました。戦後のヨーロッパを見てみましょう。ＥＵという形で「帝国」への道を歩んできました。民族を構成単位にする「ネイション・ステート」じゃもう国益を維持できなくなっているんです。韓国はそれなりの経済パワーとして成長しました。しかし「帝国」にはなりようがない。「外部領域」を持っていないからです。

手嶋　新しい形態とはいえ、「帝国」なのですから、外部領域を持つことが不可欠というわけですね。

佐藤　ええ、むろん欠かせません。韓国自身はそう自覚していないのでしょうが、韓国が持つ帝国主義への衝動が、擬似的な外部領域たる竹島にあれほど拘泥させるんですよ。こぢんまりとつつましく生き残るというスタイルが、二十一世紀の世界では難しくなってきています。戦後、植民地を捨てて日本列島に回帰したはずの日本も「帝国」の形態を持たない限り、その経済力を保てなくなるでしょうね。

手嶋　戦前に「小日本主義」という異端の言説を唱えたのは、優れたエコノミストでもあった石橋湛山です。軍部が支配力を強める中で、植民地の放棄を堂々と主張したのですから立派なものです。戦後の日本は、湛山翁がいう「小日本」に回帰しながら、そこに可能性に満ちた市場を作りだし、やがて力を蓄えて世界の市場に出ていった。新たな植民地を確保したわけではありません。戦後日本の進むべき道を的確に指し示して怯まなかった。石橋湛山が佐藤ラスプーチン流の帝国主義論を聞いたら、さぞ驚くでしょう。

佐藤　いまの日本に、新たな植民地争奪戦に参入せよと言っているんじゃありませんよ。実は戦後の日本にも、外部領域があるんですよ。それは沖縄です。ここには天皇信仰が土着していない。歴史の世界をめぐる物語が違う。自己認識が違う。そういう異質な空間を包摂できる一種の包容力を内に秘めているのが帝国なんです。

手嶋　なるほど。ハプスブルク帝国は、異質なるものを丸呑みするようにして聳《そび》えたっていました。二重帝国の二つの首都、ウィーンからブダペストを旅したことがありましたが、十九世紀にこれほど特異な統治形態を作りだして存続した帝国があったのかと在りし日のハプスブルク帝国に思いを馳せました。

佐藤　「帝国」は、外の力を包摂し、自己に吸収して、初めて生き残ることができる。かつてのような植民地を持つ形の帝国主義じゃなくて、品格のある形で自由貿易を基本としながら「帝国」として生き残る道もあるんです。沖縄という本土とは異質な文化を持つ外部領域といかにしてうまくやっていくのか。いまの日本は、そのノウハウを身につけなければ大変なことになりますよ。

手嶋　ところが、現実は逆の方向に進んでいます。沖縄が異質なものを蔵する地域であることを認めるしなやかな感性が、政治指導部から喪われています。だから、現状では本土と沖縄の乖離がますます広がっている。先日も沖縄に招かれて、一般の市民やオピニオンリーダーの方々とじっくり語りあったのですが、ああ、溝はますます広がっているという感を深くしました。いま沖縄問題と言えば、普天間基地の移設をどうするのか、といった目の前の問題に議論が向かいがちですが、沖縄はもっとスケールの大きな、根源的なテーマを内包しているとつくづく思います。

安全保障としての経済連携

手嶋　佐藤さんが言う新しい「帝国」の時代に、世界経済の推進エンジンとなっている東アジアに出現しようとしているＴＰＰ（環太平洋経済連携協定）が果たしてどんな意味を持っているのか、細かい通商交渉の視点だけでなく、アジア半球という視座で眺めてみようと思います。

佐藤　いまの日本ではＴＰＰというと、ＧＡＴＴ《ガット》（関税及び貿易に関する一般協定）のウルグアイ・ラウンドの延長線上で、農産物をはじめとする貿易自由化の問題だと捉える向きがあります。また、アメリカを頭から敵視して「クロフネがくる」と世論をひたすら煽ったりする論者もいます。書店の書棚を眺めれば、こうした視点で書かれた書籍で溢れています。TPPは、日本の、そして東アジアの針路を決める最重要の交渉です。TPPが東アジアに提起している問題は経済・貿易にとどまらず、もっと壮大です。

手嶋　アメリカ黒船論はいただけませんが、その一方でTPP交渉においてアメリカが絶大な影響力を持っていることは紛れもない事実です。ワシントンを拠点に超大国を取材してきた者の視点から申し上げれば、およそ重要な外交交渉でアメリカの意向が通らなかった例を知りません。いまはその力に陰りが出ていますが、絶対に譲れない国益は守り抜くでしょう。二期目のオバマ政権は、東アジアを今後の外交、安全保障、通商の主戦場にと考えています。

佐藤　TPPの本質をいち早く把握している点では、日本よりも中国のほうがリアリストかもしれませんよ。

手嶋　二〇一三年六月の米中首脳会談でも、中国の習近平国家主席は、従来とは違った対応を見せました。これまでは「TPPに参加するつもりはない」といってきました。TPPが実質的に超大国アメリカに牛耳られている、というのがその理由でした。たとえ自分たちが正式なメンバーにと望んでも、アメリカは様々な障壁を設けて参加を阻んでくるにちがいないと。

佐藤　潮目はたしかに変わりつつありますね。

手嶋　ライバル視する日本が会談後の七月末にＴＰＰへ正式に迎えられ、ＴＰＰ参加国のＧＤＰはなんと世界の四〇％近くを占めるに至りました。中国も、ＴＰＰが近い将来、東アジアで大きな存在になると見て、対応を変えつつある。

佐藤　習近平の中国としては、経済連携の分野でもあり、ここはいたずらにアメリカと対決するのは得策ではないと考え始めているのでしょう。アメリカがどのように東アジアとの経済連携を推進しようとしているのか、まずは見極めようと。

手嶋　そのためにも、まずはＴＰＰに関わるインテリジェンスを提供してほしいとオバマ大統領に持ちかけたんです。そして、将来の参加に含みを残した。

佐藤　先の米中首脳会談での密やかなやりとりは、日本の安倍政権をひどく刺激していますよ。

手嶋　アメリカのオバマ政権は、日本がＴＰＰに正式に参加するまでは、ＴＰＰのルールを盾にとって詳細な情報提供はできないと言っていた。現に、日本側が一番知りたがっていたコメや牛肉など農産品の重要五品目の関税の扱いについては、公式・非公式に米側担当者の口は固かった。それなのに、中国には機微に触れる情報を渡すのか、と憤る日本側の担当者もいました。

「情報に同盟なし」の国際交渉

佐藤　どの国もそうですが、国益に関わる、しかも国内に強力なロビー団体を抱えているケースでは、アメリカといえども貴重なインテリジェンスをそうあっさりと教えてくれるわけはないですよ。中国の習近平政権には機微に触れるインテリジェンスを渡しながら、同盟国の日本には核心を衝く情報を秘匿していた。それが事実なら、今後の日米関係に波紋が広がるでしょう。もっとも、日本外交の情報収集の足腰が相当弱ってきているることも事実です。外交官の基礎体力の衰えを日本版ＣＩＡがないことを言い訳にしてもらっても困るなあ（笑）。

手嶋　「情報に同盟なし」という格言があります。どんなに緊密な同盟国であっても、苛烈な国際交渉では、国益をかけて渡りあっています。とりわけ通商問題では、それぞれ国内に錯綜する利害関係を抱えていますから、相手国内で情報が簡単にリークされてしまう。そうすると、妥協しようと思っている分野でも妥協が難しくなる。だから、機密情報を安易に明かすわけにはいかないんです。現にアメリカの通商当局者は、自動車の関税は当面撤廃しないと強硬な姿勢を見せる一方で、日本側が存続を強く求める八〇〇％近いコメの関税をどう扱うかは、手の内を読ませようとしませんでした。

佐藤　こうした中では、少しピントが外れた発想なんですけれど、日本の政治家は、アメリカのＣＩＡやイギリスのＳＩＳのような対外情報機関があれば、交渉相手の手の内を知るインテリジェンスを入手でき、誤りなき政治決断をくだし、国内対策にも抜かりなく手を打てるのに、と思っていることでしょう。

手嶋　戦後の日本は、対外情報機関を持ってこなかったのですから、日本の政治家がそう思うのも無理はありませんが、所詮、完璧なインテリジェンスなどありません。不完全な情報の中で決断をくだし、その結果責任をとるのが、政治のリーダーたる者の責務なのです。政治家が日本版ＣＩＡを作って学ぶのは、そうした冷徹な現実でしょう。

佐藤　日本の政治指導者はそれより、ＴＰＰ交渉の歴史的意義を再認識し、実益ある結果を引き出すべきですよ。交渉を必ずまとめるという強い意志を内外に示すことです。同時に、国内の調整を精力的に進めて、これをきっかけに日本をより強靭な国家に生まれ変わらせる、これこそが優先事項です。

手嶋　衰えたりといえども、アメリカは最後にはTPP交渉を取りまとめるくらいの力は依然として持っています。そのアメリカは、二国間の自由貿易交渉から、TPPという多国間の貿易連携の枠組みに軸足を明らかに移しつつある。だとすれば、日本は現実の問題としてTPPを対外戦略の基本に据えて推し進めなければならない。若泉敬さんではありませんが、まさしく「他策ナカリシヲ信ゼムト欲ス」なのです。

佐藤　最終的に日本の前途には、大きく言って三つの選択肢があります。まずTPPの枠組みです。二つ目は、日・中・韓という東アジアの経済大国によるFTA（自由貿易協定）の枠組みです。三つ目には日・中・韓のFTAの発展形態としてのRCEP《アールセップ》（東アジア地域包括的経済連携）。これは、日・中・韓・印・豪・ニュージーランドの六カ国にASEAN諸国を加えたFTA構想です。将来は、それら全てを包摂したFTAAP《エフタープ》（アジア太平洋自由貿易圏）が構想されています。

手嶋　これを主要な参加国である日・中・米三カ国に着目してみますと、TPPにはアメリカと日本が参加し、中国は参加していません。一方、日・中・韓FTA、さらにはRCEPには、日本と中国は参加していますが、アメリカは参加していません。三つの枠組み全てに参加しているのは日本だけなのです。日本という国が、アジア半球の自由な貿易連携にどれほど絶好の場所にいるかが分かります。

その一方で、日本が日・中・韓ＦＴＡ、さらにはＲＣＥＰに傾斜して、ＴＰＰに背を向けたとしましょう。アメリカのオバマ政権はＴＰＰ推進を二期目の最優先課題に掲げていますので、日本がＴＰＰの取りまとめに協力しなければ、日米同盟には大きな遠心力が働くことになるでしょう。中国が尖閣諸島に武力侵攻の構えを見せても、アメリカは動こうとしなくなるかもしれません。ＴＰＰは単なる経済連携の枠組みにとどまらず、東アジアの安全保障とまさしく表裏一体なのです。

政治文学の傑作

佐藤　ＴＰＰにどう臨むか。これは、二十一世紀のいま、国家が、地域社会が、そして個人が、国際社会とどう付き合っていくかということに他ならないんですよ。そうした視点からみると、現時点で最強の国家はアメリカ。それゆえ、いまの日本は、アメリカとの同盟関係をより深め、東アジアで生き残りを図るのは当然のことです。こうした冷厳な現実と向き合っていない一部の有識者が、いたずらに感情的な反米論を展開して、経済ナショナリズムの立場からTPP反対論を唱えていますが、愚かとしか言いようがありません。安倍内閣は、衆参両院の選挙で国民の支持を得たのですから、こうした感情論に惑わされることなく、TPPという枠組みを存分に使って、日米同盟を経済面でも、安全保障の面でも、より確かなものにする政治路線を歩んでほしいと思います。

手嶋　安倍晋三総裁が率いる自由民主党は、二〇一二年の総選挙を戦うにあたって、TPP交渉への参加について、党の公約を取りまとめました。「TPPが聖域なき関税撤廃を前提にするなら、TPP交渉への参加に反対する」――。佐藤さん、この自民党の公約をどうご覧になりましたか。

佐藤　日本が東アジアで生き残っていくためには参加すべしという私の持論からすれば、なかなかに良くできた公約です。

手嶋　佐藤さんのような外交のプロフェッショナルは、この文章を「TPPへの参加表明」と読んでいるわけですね。

佐藤　おっしゃるとおり、これは明らかな参加表明です。

手嶋　JA（農協）をはじめとするTPP反対派の方々は、当時は、これでTPP交渉に参加しない足がかりの一つができたと言っていました。農業者政治連盟はＪＡの政治組織なのですが、その幹部の一人に「これはＴＰＰ反対の公約と受け取っていいですね」と聞かれたことがありました。「本当のことを教えてほしい」と言われたものですから、「これはＴＰＰ参加を表明した公約ですよ」と正直に伝えました。

佐藤　ええ、選挙後の日米首脳会談を踏まえて、安倍政権がＴＰＰ交渉への参加を正式表明することは既定路線でした。

手嶋　この公約のミソは「聖域なき」というくだりにあります。もしＴＰＰが「聖域なき関税撤廃」ということが前提になっているならば、総選挙で有権者から政権を委ねられる安倍自民党は、交渉には参加しない。しかしながら、このＴＰＰ交渉を事実上取り仕切っているアメリカは、かつても今も、「聖域なきＴＰＰ」など唱えていない。

佐藤　ありもしない前提をあえて掲げ、そうなれば参加しないと。じつに老獪《ろうかい》だなあ。

手嶋　僕は、戦後の政治文学の最高傑作の一つと言ってます（笑）。

佐藤　かなりの知恵者が起案したにちがいない。

手嶋　麻生太郎副総理兼財務相は「俺が考えたんだ」と言っていますよ。

佐藤　もちろん麻生さんが副総理兼財務相として決裁したのでしょう。ただし、こんな狡猾な文章をひねり出すには、かなりの外交交渉の経験を必要としますよ。やはり、手《て》練《だ》れの官僚が筆を執り、麻生さんがそれがいいといったのが真相に近い気がします。いずれにしても、かなりの切れ味です。

手嶋　お化けが出るなら家には入らない。でもお化けなどいないのですから、家に足を踏み入れることになる。お化けをそっと挟みこんで、TPP参加の布石にしたこの文章は、試験の答案なら間違いなく「Aプラス」をもらえるでしょうね。

佐藤　政権への復帰を果たした安倍総理は、オバマ大統領の二期目の就任式を待ってワシントンを訪れ、首脳会談に臨もうとしました。しかし、オバマ政権の側はこの申し出をなかなか受けようとはしなかった。焦った当時の外務省の河相周夫《かわいちかお》事務次官はワシントンに飛んでオバマ政権への根回しに奔走したんですが、結局、この河相工作は惨めな失敗に終わってしまったんですよ。これが後に、就任してまだ日が浅い外務次官を事実上更迭する背景になったんです。

手嶋　安倍総理は、ようやく二〇一三年二月下旬にワシントンを訪れます。僕はプロトコール、つまり外交上の儀礼に必要以上の意味を見出して、あれこれ論評することをしないんですが、安倍総理の処遇については、東アジア最大の同盟国から来た首相の扱いとしては、ちょっとひどいんじゃないかと思いました。それほどに、総選挙で圧勝して政権に返り咲いた安倍総理にオバマ政権は冷ややかだった。

佐藤　それは、安倍政権が依って立つ政治理念にどうしても違和感を拭えないからなんですよ。歴史認識、そして慰安婦問題が、日米同盟にどれほど暗い影を落としているか、それを理解する想像力や感受性に欠けると言われても仕方がない。

手嶋　当座の外交的駆け引きということから言えば、オバマ政権としては、少しクールに対応したほうが、ＴＰＰ問題で安倍政権の側からより譲歩を引き出せるという計算もあったはずです。現に安倍総理はこの日米首脳会談で腹を決めて「ＴＰＰ参加」をきっぱりと打ちだしました。米側の交渉担当者は、してやったりと思ったでしょう。

佐藤　オバマ政権はこの際、より明確な証文を取り付けておこうと考えた。それがＴＰＰ問題に限った「日米共同声明」です。「日本には一定の農産品、米国には一定の工業製品というように、両国ともに二国間貿易上のセンシティビティが存在することを確認しつつ」とあり、さらに四月の日米協議では、「ＴＰＰにおけるルール作り及び市場アクセス交渉において緊密に共に取り組む」とされました。その意図するところは、日米両国共に関税の例外措置を要求している品目があることを認め、その上で関係国の交渉を通じて、一層の貿易自由化に取り組むというものです。

手嶋　共同声明の冒頭では、「日本が環太平洋パートナーシップ（ＴＰＰ）交渉に参加する場合には、全ての物品が交渉の対象とされる」と述べ、あらかじめ特定の品目、とりわけコメなどが交渉の対象から除外されることはないと釘をさしています。その一方で「ＴＰＰ交渉参加に際し、一方的に全ての関税を撤廃することをあらかじめ約束することを求められるものではない」と述べ、聖域なき例外を要求されるものではないとも明記しています。このようにアメリカは「聖域なき関税撤廃」など初めから考えていないことが、声明でも明確になったのです。

佐藤　日本がどうしても守りたいとしているコメなど重要五品目が、関税撤廃の例外となるかどうかは、全て今後のＴＰＰ交渉に委ねられることになったわけですね。日本政府が、どの国と連携しながらどの国を攻めればいいのか、安倍政権のお手並み拝見です。政府が有効な戦略をたてられるかは、ＴＰＰの推進派である外務・経産の両省に貴重な情報を握られたまま官僚主導を許すのではなく、政治指導者がこれはといったインテリジェンスを握って、交渉を主導すべきでしょう。

手嶋　さて、最終的に全品目のどのくらいが関税撤廃されるかなのですが、日本政府は正式にＴＰＰのメンバーになった後、各国に自由化する品目リストを示しました。自由化率はほぼ八〇％です。しかし、これはあくまでも出発点です。

佐藤　これで決着がつけば、日本が求めている重要農産品の五品目はいずれも関税撤廃を免れるのでしょうが、多国間交渉はそんなに生易しいものじゃない。

手嶋　おそらく、アメリカは九五％を超える高い水準を狙っているのでしょう。「共同声明」が言う「包括的で高い水準の協定」の相場観はそんなところでしょう。

北方領土という名のトゲ

手嶋　ロシア極東の農村地帯はいま、中国の資本と労働力に頼って耕作地を広げています。人口が減り、中国なしには大規模な農業を営むのが難しくなっているからです。このままでは、経済ばかりか政治面でも中国の影響力が一層強まってしまう、ロシア側はそう懸念しています。中国の影響を何としても削《そ》ぎたいと考えるプーチン大統領の目には、経済大国ニッポンが従来とは異なる像を結びはじめています。日ロの絆を強めるには、喉元に突き刺さった北方領土というトゲを抜くほかない。これはプーチン政権の

「本音」と見ていいでしょう。

北方領土の解決には、歯舞・色丹の二島はとりあえず日本側に返還してもらい、国後・択捉の二島については継続協議にするという「段階的返還論」が有効だと言われています。しかし、二期目のプーチン政権は政権基盤の弱体化が指摘されるため、国内の反対論を抑えて、歯舞・色丹二島以外で譲歩をする兆候はありません。厳しい情勢のもとでは、二島か三島かといった算術的な発想で着地点を見出すことも難しいといえます。

佐藤　今のプーチン大統領なら、「段階的返還論」には乗ってこないでしょう。

手嶋　そうだとしても、目立つトゲだけ抜いておくけれど、他は抜かないで刺したままというこのやり方に問題はないのでしょうか。ロシア側が不利な条件で妥協するという安易な期待は抱くべきではありません。日ロ次官級協議は、問題解決の選択肢がいかに限られているかを示すものとなるでしょうが、事務レベルの交渉には限界があります。

佐藤　そのためには、首脳間の決断とそれを支える日ロ双方の外交官の知恵が必要です。僕は、現段階で抜くことができるトゲを抜くべきだと思います。では、どういうふうにして抜くのか。外交上交わらないとされている「平行線」を、世間に交わったように見せるには、奇想天外の斬新な提案以外ありえません。

これは、リーマン幾何学の発想だと思うんですよ。「平行線は交わらないもの」だとされてきた。でも、ドイツのベルンハルト・リーマンという数学者は、「平行線は交わることがある」とパッと気づいた。彼は平行線を球面上で考えたんです。地球儀の上で平行線を引いたら交わったので、「あ、これでいいんだ」と思い、それを公理系に発展させたんです。

実はリーマンって牧師の息子なんです。もしリーマンがユダヤ教徒やイスラム教徒だったら、この発想は出てこない。ユダヤ教、イスラム教だと、神と人間は永遠に交わらず「平行線」のままですから。でもキリスト教は神であり人間である、イエス・キリストという特異点があるので、「交わらないものが交わる」という発想に至ったのではないかと。

手嶋　たとえばロシアに、四島の日本の主権を認めさせた上で、海水面が上昇して国土が水没しつつある国に委ねてはどうでしょう。創造的で大胆な発想こそ真の解決策を生み出します。日ロ双方から百も千もアイデアを絞り出すプロセスこそ、交わらない「平行線」を一瞬交差させる妙案の母となるのです。

佐藤　その点で、安倍内閣というのは、時に大胆な発想を現実の政策に反映させる、非常にユニークな内閣だと思います。東京オリンピック開催決定直後に、政府のアイヌ政策推進会議が、北海道白老町にアイヌ文化復興の拠点となる「象徴空間」を二〇二〇年七月までに開設すると決めたんです。菅官房長官は「アイヌ民族を日本としてもしっかり守っていく姿を海外の皆さんに見ていただける機会に」と述べ、国際社会の視線を強く意識して先住民政策を打ちだそうとしています。

Ⅱ 深層

第六章　インテリジェンスの生態史観

欧州の辺境に屹立する情報大国

手嶋　梅棹忠夫というアバンギャルドな生態学者が、「文明の生態史観序説」という論文を引っ提げて、「中央公論」誌上に颯爽と登場したのは一九五七年のことでした。ユーラシア大陸の東西の果てに位置する日本と西ヨーロッパを「第一地域」に、その内側に拡がる中国、インド、ロシア、イスラムを「第二地域」と位置づけ、日本の文明は、西ヨーロッパの文明と平行進化して現代に至ったという大胆な説を展開しました。ヨーロッパを中心とする、一元的な唯物史観が圧倒的な影響力を持っていた当時にあっては、さぞかし日本のインテリたちに強烈なインパクトを与えたことでしょう。

ただし、「文明の生態史観」では、ユーラシア大陸の西の果てにイギリスが位置していますが、イギリスのインテリジェンス文化は、アメリカ大陸やヨーロッパ大陸からも独立している。しかし、冷戦期の思考の制約ゆえでしょうか、イギリスとアメリカをひとくくりにして考えがちです。

佐藤　アメリカとイギリスのインテリジェンス文化は、その出自も実態もまったく違います。それは国家を形づくっている背景が異なるからなんです。

手嶋　イギリスとアメリカの対外インテリジェンス機関であるSISとCIAは、よく「従兄弟同士」の間柄と形容されます。なるほど、「兄弟」じゃなくて「従兄弟」とは言い得て妙だなあ。

佐藤　「兄弟」より「従兄弟」同士のほうが仲良くできる場合があるでしょう。それは家庭環境が違うから、あまり利害がぶつからないんですよ。

手嶋　究極の有事には組織文化の違いが際立つと言います。その意味で、冷たい戦争をともに戦っていたイギリスとアメリカの情報機関は、鮮やかなコントラストをなしていました。

佐藤　逆に、冷戦都市ベルリンを舞台に対峙していたイギリスとロシアのインテリジェンス組織は、双子のようにそっくりな面を持っていました。モスクワの対外インテリジエンス機関だったKGB（国家保安委員会）第一総局は、冷戦の主敵の一つ、イギリスのSISを密かに教師にしているうちに、いつしかそのDNAを受け継ぎ、文化も組織形態も似てきたんですね。

手嶋　冷戦期にイギリスのインテリジェンス機関が生んだ最大の裏切り者、キム・フィルビーは、二重スパイであることが発覚すると、ソビエトの汽船でベイルートからモスクワを目指して亡命します。モスクワの指令を受けていたにせよ、佐藤さんが言う「双子のようにそっくりな」ところに行くことにあまり迷いはなかったのかもしれません。

佐藤　イギリスという国が、なぜインテリジェンス文化の発祥の地になり、ソ連にまで影響を及ぼすようになったのか。それは王位の継承をめぐる暗闘の産物なんです。そもそもイギリス国教会が生まれたのは、十六世紀にヘンリー八世が妃となんとか離婚したいと考え、それを認めないカトリック教会と袂をわかったのがきっかけです。シェイクスピアの作品にも描かれたヘンリー八世は、秘術の限りを尽くしてバチカンの呪縛を逃れたのですが、教義的には相当程度カトリックに近いわけです。

手嶋　我々にはどうもわかりにくいのですが、そのイギリス国教会にも、実はふたつの系譜があるんですね。

佐藤　そう。カトリックに近いのがハイチャーチです。これに対してローチャーチというのがあって、こちらはプロテスタンティズムに近い。もっと言えば、カルヴァン派に非常に近い存在です。言うなればイギリス国教会の中には、カトリック派とプロテスタント派があるわけです。しかも、それらをちゃんと統括できちゃっている。それを可能にする唯一の結節点は、言うまでもなく女王陛下の存在です。イギリスのインテリジェンス機関は女王に忠誠を誓うメカニズムですから、女王のもとにインテリジェンスも統括されている。

そして、このハイチャーチにつながる系譜こそ、幾多のインテリジェンス・オフィサーを生み出し、ＳＩＳの主な人材供給源でした。ですから、ハイチャーチ系のイギリス国教徒であるということは、彼らにとって重要なファクターなんですね。

ＳＩＳのもう一つの秘密は、イングランド出身者の比率が異様なほど高いことです。スコットランド出身者はじつに少ないんです。なぜかと言うと、スコットランドにも国教会は存在するんですが、これはプレスビテリアン、長老派です。つまりカルヴァン派なので、イングランドの国教会とは来歴が明らかに異なっている。だから、イギリスのインテリジェンス機能の中心はあくまでイングランドなんですね。そのこともあって、伝統的にスコットランドのエリート層はオックスフォード大学には行きたがらない。やはりエジンバラ大学とかグラスゴー大学とかへ行く。この辺にイギリスという国のわかりにくさがありますね。

さらに二十世紀に入るまで、イギリスのインテリジェンス機関には、カトリック教徒を迎えることがなかったんです。カトリック教徒は二重忠誠の危険を抱えていましたから。要するにバチカンが国家として機能している以上は、何かあったときにバチカンのほうに忠誠を誓うかもしれないということです。

手嶋　一九六〇年のアメリカ大統領選挙で、共和党のニクソン候補と闘った民主党のケネディ候補は、アイリッシュ系のカトリック教徒でした。このため二重忠誠、つまり合衆国か、バチカンか、が問題とされました。当時はこれがアメリカの現実でもあったのです。結局、ケネディ候補は、こうした批判を辛くもかわして、カトリック教徒として初めてホワイトハウス入りを果たしています。

佐藤　日本の外務省の場合は、創価学会員のリストを作っています。人事課にそのファイルが存在する。作った当人から直接聞きましたが、これもやはり二重忠誠を心配してのことです。国益に関わる事態になったとき、日本国より創価学会の言うことに従うんじゃないかと。外務人事当局の発想は、二重忠誠を忌避するという外交やインテリジェンスの根深い習性からきているんです。それは同時に国家の本性でもあります。

手嶋　慶應義塾のインテリジェンス論の講義をスウェーデン人の准教授にお願いしているのですが、講義に『ウルフ・ホール』（早川書房）を使いたいというんです。

佐藤　イギリスのインテリジェンス文化の内在論理を皮膚感覚でわかっていますね。

手嶋　この人は、ケンブリッジ大学で博士号を取得していますからね。ヒラリー・マンテルが書いたこの歴史小説の傑作は、ヘンリー八世の側近としてスゴ腕を振るったトマス・クロムウェルの視点から、宮廷内の暗闘を描いており、これ以上のインテリジェンスの教材はないかもしれません。

英米がせめぎあうアイスランド島

佐藤　大陸の辺境に位置する国家や島嶼部に成立するインテリジェンスを考えるとき、ある種のモデルとして思い浮かぶのがアイスランドです。火山の美しいこの島は、人口はわずか三十二万人。それでも、独自の言語を持ち、ちゃんと国の制度を維持できている一つのモデル国家です。

手嶋　僕は日ごろから、わが郷里・北海道も独り立ちを考えてみてはと「北海道独立論」を提起してきました。この「アイスランド・モデル」には勇気づけられますね。かつて「中央公論」誌上で、見果てぬ夢としての「北海道独立」を唱えたのは、梅棹忠夫さんでした。これには深い因縁を感じてしまいます。中央政府への従属を所与のものとして唯々諾々と受け入れてきた地方政権に大胆な発想の転換を迫る、いまなお光を放っている論考です。

佐藤　小さな独立島嶼国家アイスランドは、アメリカと防衛協定を結んでいて対米関係は極めて良好です。冷戦が終わる一つのきっかけになった、レーガン・ゴルバチョフ会談の舞台にアイスランドの首都レイキャヴィクが選ばれたのも、アメリカとの政治的距離の近さがあったからでしょう。

これに対してより地理的に近いイギリスとは常に緊張を孕んでいます。インド洋上に浮かぶ島嶼国家モルディブが、地政学的に重要な要衝であるように、アイスランドは大西洋上の要衝です。海洋の動向に敏感なイギリスにとっては、アイスランドに睨《にら》みがきかなくなりはしないかと、その動向が気がかりなのでしょう。これがふたつの海洋国家の緊張を生む素地になっているんです。

手嶋　ヨーロッパ大陸を対岸に臨む島嶼国家イギリスは、少し遠いものの、反対の対岸にはアメリカ大陸を見はるかしています。地理的な観点にたてば、大西洋の真ん中に浮かび、ふたつの大陸に挟まれている国と考えたほうがいいかもしれません。実際に、文化面や精神的な距離では、イギリスとヨーロッパ大陸の間には、はっきりとした一線が引かれています。

佐藤　こうした差異を考える上で、ＥＵやロシアでいまも読み継がれ、現実の政治に少なからず影響を与えている一冊の本があります。十九世紀半ばにドイツ人のフリードリヒ・リストが世に出した『経済学の国民的体系』です。この本を読み解くと、当時のヨーロッパ大陸が、イギリスをどう見ていたかが良くわかります。

あの頃は、世界に三つのマーケットがあると考えられていた。イギリス、北米、ヨーロッパの三つです。自由貿易の世界では、「パックス・ブリタニカ」の時代ですから、イギリスが圧倒していました。従って、ヨーロッパ域内では関税同盟を結び、イギリスに対しては関税をかけるべきとリストは主張しました。さらに、北米大陸諸国とヨーロッパ大陸諸国が団結することによって、イギリスの輸出攻勢に対抗するというのがリストの経済戦略でした。

手嶋　いまのTPP（環太平洋経済連携協定）で、肉牛の輸入制限について、日本とオーストラリアが結束してアメリカにあたる構図と似ていますね。自由貿易の世界で、かつてのイギリスの機能を果たしているのが北米です。「パックス・アメリカーナ」ですから。

佐藤　リストは、経済的最強国であるイギリスに対して、ヨーロッパが関税同盟を結成して対抗しないと、自分たちの域内で自国の産業が育成できないと考えました。だからフェアな戦いができるようにするために、国家機能を強化した形での保護主義が必要だ、とリストは主張したわけです。

手嶋　こうした保護主義的な考え方は、歴史の曲がり角では、繰り返し現れてきますね。

佐藤　そのとおりです。実際にEUを作るときにも、やはりこのフリードリヒ・リストの思想が底流にあったと見ていいでしょう。しかしながらリストは戦後、徹底して批判を浴びました。ナチスがリストの経済政策を肯定的に評価し利用したからです。日本でも戦前に改造社から『国民経済学体系』という名で翻訳が刊行されましたが、やはりナチス流経済理論のバイブルとしての位置づけでしたので、リストの内在論理を正確に捉えることができなかったんです。

手嶋　リストによれば、イギリスとヨーロッパ大陸は、政治的、経済的に別の文化圏だということになります。実際にイギリスは、いまだにＥＵの通貨統合に加わらず、ポンドを保持し続けています。こうした歴史的経緯が、イギリスに独自のインテリジェンス文化を育てたのです。そもそもイギリスという国は、独自の民族と言語によって成立している「ネイション・ステート」じゃないですからね。それは、国名を見れば明らかです。「グレート・ブリテン及び北アイルランド連合王国」。ここには民族を示唆する言葉が一つも入っていません。

佐藤　たしかにグレート・ブリテン人なんていう民族はいませんからね。アイルランド人はいるけど北アイルランド人なんて民族もいない。ベネディクト・アンダーソンが『想像の共同体』で、イギリスと「ソビエト社会主義共和国連邦」には、ネイション・ステートの痕跡が認められないと主張しています。

手嶋　慧眼だなあ。たしかにソ連にも民族を示す語は見当たらない。

佐藤　だからイギリスとソ連は、極めて特殊な国だったんです。これらの国家の本質は「帝国」なんですよ。

手嶋　一つの民族を統治するより、様々な民族の集合体である「帝国」を維持するほうがよほど難しい。そのためには、インテリジェンス機能を究《きわ》めていくことが重要になってきますね。

佐藤　そこのところが肝《きも》なんです。「帝国」というのは必然的に多元的ですから、インテリジェンス機能が高くなければ治められません。精強な「帝国」になるには、優れたインテリジェンス機関を持つことが不可欠です。もう一つ、これも必然的にですが、保護主義を採用することになるんです。

手嶋　これは、TPPの本質を考える上で重要なヒントになりそうですね。我々は、このTPPを自由貿易の新たな発展型と捉えがちです。しかし、TPPは二十一世紀の新たな「帝国」の一つの類型でもあると考えてみる必要がある。

佐藤　私も同じ見方をしています。自由貿易主義を採用すると単一のルールしか持てなくなる。自由貿易主義や新自由主義にはルールが一つしかない。つまり、規制緩和、市場原理主義。だから、新自由主義っていうのはインテリジェンスの力を弱める方向に働く。他の政策論とは違って、今まであった政策を除去していくことこそが政策なんですから。

逆に保護主義にはいろんなパターンがありえるのです。ＴＰＰを取り仕切っているアメリカは、一見すると単一のルールを適用しているように見えますが、実はそうじゃない。域内で二重、三重の基準を駆使してアメリカの支配力を強めようとしています。これは保護主義の亜種といっていい。保護主義政策を採る場合は、それぞれの国に知恵が必要になってくるんです。

アートか、さもなくば技法か

佐藤　イギリスの特異性をあぶり出すには、中世まで遡る必要があると思うんです。突き詰めれば、「在る」ということをどういうふうにして考えるか。そういった存在論的な問題になってくると思います。

近代より前のヨーロッパにおいて、ものの見方の主流は、愛でもいい、信頼でもいい、目に見えないそういうものが必ずあるという考え方でした。たとえば三角形。二等辺三角形、正三角形、いろんな三角形があるけれど、全ての三角形を我々は描くことはできない。つまり三角形というのは、実は形而上学の世界にしかない。だけど、存在する。

これが中世の了解だったわけですよ。同じように、メロンやイチゴやミカンがあるのだから、「果物」というものも存在すると考えた。つまり、個物があるから、普遍もあると。これが実念論（概念実在論）、そうリアリズムであり、ヨーロッパの主流でした。

ところが、こうした実念論はおかしいじゃないかという考え方が現れたんです。結局あるのは個物だけであると。果物の話で言えば、メロンは分類上はウリだからむしろ野菜ではないのか、蔓に実がなるのに木になるナシやミカンと一緒にするのはおかしいのではないかと。こう考えれば果物というのは、便宜的な名前にすぎないということになる。あるのは個物だけなのだと。これが唯名論です。こちらは自然科学と相性がいいから、唯名論を中心にして近代的な世界観が発展してきた。これが哲学史の通説となっているわけです。

ところが、唯名論が定着しなかった地域が二つある。一つはイングランドです。特にオックスフォード大学です。もう一つはチェコです。こちらはプラハのカレル大学。この二カ所においては、中世が終わった段階でも実念論が主流だった。そのため、目に見えないけれども確実に何か普遍が存在するんだという感覚が、この世界の人々にはあるんです。

手嶋　佐藤さんは、実念論が中心の国では、成文憲法ができづらいと興味深い指摘をしていますよね。

佐藤　イギリスがその代表例ですが、イスラエルもそうです。成文憲法はなくても目に見えない憲法があるという意識が、実念論の世界の人々には共有されている。神様は目に見えないが、存在していることをみんなが信じているのと同じです。だから、必要に応じて必要な部分だけを文字にすればいいという発想につながります。

手嶋　そしてイギリスのインテリジェンス機関というのも、この実念論に基づいて作られているというわけですね。

佐藤　私はそう考えています。目に見えないけれども確実に何かがある。さらに言えば、それは理屈で捉えられるものじゃないが、天才の直感によってなら捉えられると考える。

手嶋　それに従えば、インテリジェンスは、情報機関の研修所で教科書を使って教えられるようなものじゃないということになります。

佐藤　そう言っていいでしょう。実念論に基づいたインテリジェンスは「アート」（芸術）だという考え方に近くなります。

手嶋　インテリジェンスは「技法」なのか、「アート」なのか。もし「技法」だとするなら、徹底的に教え込めば技量はあがっていきます。でも、「アート」だとすれば、素質がなければ教えようがありません。

佐藤　やはり究極のところでは、「アート」の要素が勝ってきちゃうんですね。だとすれば、危機の現場において、インテリジェンスの素質がある政治指導者がいるのかどうかが重要になってきます。

手嶋　いま佐藤さんは大切なところに触れましたね。危機に際して、国家がインテリジェンスの感覚を天性備えた指導者を擁しているかどうかが問題になると。誰しもすぐに思い浮かべるのは、かのウィンストン・チャーチル卿でしょう。この人は第二次世界大戦の指導を委ねられるために、それまでの全ての人生があったと自ら語っています。このリーダーのもとに、モントゴメリー将軍をはじめとする逸材が結集しました。国家の危機に遭遇して、インテリジェンス・サイクルを回しに回して、イギリスの崩壊を救っています。

佐藤　未曾有の危機に直面して、求められるのは知識などではありません。専門家の言うことをよく聞いて、余計な喧嘩はしない。これはという人に思い切って任せる。物事の判断が的確で、有能な人を嫉妬したりしない指導者が必要なのです。

イギリス情報士官の死生観

佐藤　目に見えない確固たるものというのがあるという感覚。もう一つは、人間界で知りうるものには、全て限界があるという認識。それが徹底されれば、明日、東から太陽が上ってくることも確実とは言えない、こういう感じになる。また、イギリス人には進歩に対する大きな疑念がありますね。イギリスの哲学者デイヴィッド・ヒュームは振り子理論というものを打ち立てています。振り子が右から左に揺れるだけであるように、進歩などというものはないと説きました。

手嶋　たしかにイギリスのインテリジェンス・オフィサーは、ヒュームの面ざしを思わせるどこかシニカルな雰囲気を漂わせていますね。

佐藤　これは語源どおりの正しいシニカルさなんですよ。シニカルというのは古代ギリシアのキュニコス学派（シニシズム）に由来します。ソクラテスの弟子アンティステネスが創唱した学派ですが、「犬のような」（ギリシア語でキュニコス）自然のままの生活を理想とした。そこから無欲を理想とするようになりました。キュニコス学派は傍流です。

ギリシアではその後出てくる二つの学派が主流になりました。第一のストア学派は友愛を説く。愛、魂の神聖を説く。それに対して、第二のエピキュロス学派は快楽を説く。知的な快楽です。キュニコス学派の現実を突き離して見る姿勢は、ピュロンの懐疑派でより強まり、そのどちらが正しいかよくわからないという。人にはそれぞれ正しいことがある。あまり、何が真理かなどと議論してもよろしくない。多元的にいこうじゃないかと。究極の理想はエポケー、判断停止にすること。このエポケーが最大の理想である。判断をしないとあえて判断する、こういう立場に立つんです。そして、インテリジェンスの世界には、懐疑論者が多いんです。

手嶋　なんだか老子の道を説かれているようですね。

佐藤　だから、シニカルというと「冷笑的」と日本では訳されて、何か冷たい笑いを浮かべているというイメージが定着してしまった。しかしそうじゃなくて、自分を突き離すことのできる、ものすごく強い意志力が求められる。その前提として、目に見えないものが確実に存在するという感覚が必要になる。けれど、我々は人間だから目に見えないものについて知ることはできない。だから、それについて我々は語らない――こういう緊張関係、これをイギリス人はよく理解しているわけです。だからイギリス人というのは、リタイアした後、そんなにがっくりしない。ひたすらガーデニングに打ち込んだりする。そういう感覚ですよね。

手嶋　金に対して極度に執着するっていう感覚がないかもしれません。アメリカ人は金持ちを基本的に尊敬しますからね。

佐藤　そう、イギリス人は金持ちをあまり尊敬しない。あのイギリス的な感覚というのは、やはり目に見えないところで宗教的な信念に支えられている。結局、人間は死からは免れない。イギリスのインテリジェンスの特徴は死生観にあると思います。

手嶋　自らもイギリス秘密情報部にいたジョン・ル・カレが筆を執ったスパイ小説には、そうした死生観がそこはかとなく漂っています。イアン・フレミングの「００７」シリーズなどの作品群と一線を画しているのは、作中の登場人物がなんとも渋く、魅力的だからでしょう。

佐藤　イアン・フレミングも第二次大戦中は秘密情報部に籍を置いていたんですから、あの国のインテリジェンス文化をよく知っているはずなんですが、ル・カレやグレアム・グリーンの作品のような死生観は見られませんよね。むしろ、ハリウッド映画が好むＣＩＡ的な世界です。

手嶋　ジョージ・スマイリーは、ル・カレが世に送り出した伝説のスパイ・マスターですが、『影の巡礼者』（早川書房）で引退後の姿が描かれています。スマイリーは「隠居暮らしもなかなかいいものだ」と呟き、教師のまねごとをしたり、半端な書きものをしたり、散歩をしたり、いまは犬まで飼っていると韜晦《とうかい》しています。

佐藤　いかにもスマイリーらしいなあ。

手嶋　隠棲していたスマイリーは、この作品で、イギリス秘密情報部の若い後輩たちを前に講演し、「スパイとしての全てを満たすことによって、自分自身は無になってしまう危うさを秘めている」と諭しています。彼は続けて「この仕事では、大きな代償を払わなければならず、その代償とはえてして自分自身なのだ」と語っています。

佐藤　ジョン・ル・カレは、イギリスのインテリジェンス・コミュニティに生きる人々の人間模様を知り抜いているんです。イスラエルもイギリスの系譜に属しています。一方、アメリカやいまの日本のインテリジェンスには死生観が欠けていると思います。

英国領マン島のファシスト党員たち

手嶋　チャーチルに率いられた大英帝国は、フランスをはじめ大陸の連合国諸国が次々に降伏する中、バトル・オブ・ブリテンに勝利し、最後はナチス・ドイツを完膚なきまでに打ちのめした――こうした連合国側の視点からは、すっかり歴史の中に埋もれてしまった史実なのですが、戦前のイギリスのファシズム運動は、見逃すことができません。

佐藤　そう、イギリス国内のファシズムの動きは、本当に重要なんです。労働党からファシストが派生してくるのは、社会民衆党の一部がファッショ化した日本と同じですが、その中からオズワルド・モズレーというリーダーが現われ、イギリス・ファシスト連盟を組織します。

手嶋　『日の名残り』は、主人公である執事の秘められた恋を描いたカズオ・イシグロの代表作です。執事が仕えていたのは、欧州の外交界に太い人脈を持つ貴族で、ナチス・ドイツとの戦争を回避しようと密かに動く対独宥和派の一人です。こうした人物は、当時のイギリス支配階層にあっては決して少数派ではありませんでした。

一方で、佐藤さんが挙げたモズレーのような人物を労働党から生む土壌もあったのです。小説には、ミュンヘン会談に臨んでナチス・ドイツへのズデーテン割譲を認めたチェンバレン首相を歓呼の声で迎えたイギリス社会の背景が、精緻に描かれています。

佐藤　最近、史料を調べていて驚いたのですが、第二次世界大戦が始まると、祖国イギリスを裏切ってドイツのスパイになる怖れがあるというので、英仏海峡に浮かぶマン島に潜在的なスパイとされる人々を強制移住させたんですね。そうした疑わしい連中は「第五列」と呼ばれたのですが、対象になったファシスト党員は一体どのぐらいいたと思いますか。

手嶋　ざっと、数千人くらいでしょうか。

佐藤　なんと九万人ですよ。労働党のかなり上質な部分がファシストになると考え、その社会的影響力を怖れて隔離したというわけです。

手嶋　いやあ、それほどの人々が「第五列」として扱われたんですか。意外だなあ。

佐藤　イギリスの強制移住の話、ほとんど知られていませんね。「第五列」という意味では、アメリカでも、日系アメリカ市民の強制収容キャンプ送りがありましたが、イギリスは、ファシズムにつながる危険性があるとして、ごく一般のイギリス市民を強制移住させた事実があるんです。イギリス人というのは、そんな乱暴な部分も含めて検討に値しますね。彼らは歴史を物語として理解する傾向が強い。これはインテリジェンスの発想につながります。

またイギリスという国には人権に関する近代的成文法がない。いまは仕方なく国際人権規約を批准していますが。手嶋さんが前から指摘しているように、この国ではメディアへの特異な検閲があることも重要です。

手嶋　建前としては、言論の自由の母国ということになっていますが、あの「権利の章典」はどこにいったんだという気がします。ときに、まったく別な顔を持っている国なんです。

佐藤　シェイクスピアを読むと、原発事故とのアナロジーに気づいたりしますね。『マクベス』の冒頭で三人の魔女が、「きれいは汚い、汚いはきれい」と言います。「正しいことは、間違い。間違っていることは、正しい」と訳してもいい。つまり、この世は常にパラドックスが起こると分かっているわけですよね。たとえばクリーン・エネルギーだったはずの原発が事故によって最もダーティになったように、それまでの価値観が簡単にひっくり返ってしまうことを知っている。じつに象徴的な言葉ですよ。

第七章　超大国のインテリジェンス文化

ＣＩＡのプラグマティズム

手嶋　アメリカでは、インテリジェンスは基本的には「技法」です。だからＣＩＡでもひたすら「技法」を叩きこみ、技量を教え込んでゆく。アメリカでは、インテリジェンス・コミュニティの最高幹部が祖国を裏切る事件など起きません。そのかわり、ＣＩＡに蓄積された「技法」を使って、かつてＣＩＡに身を置いた者が、政敵の本部に忍びこむという事件を起こしてしまう。

佐藤　インテリジェンスがクォーター化をしていたわけですね。クォーター化というのは、コミンテルンから学びとったんですよ。共産党の細胞方式です。共産党の細胞というのは基本的に三人で作る。少しずつネットワークが違っているから、一人が逮捕されても全体像を掴ませない。だからクォーター化の原則として、それぞれに余計な情報を一切知らせないんです。

手嶋　インテリジェンス小説を書く立場から言えば、CIAは素材になりにくい。「技法」は読んでも面白くありません。一方、個人の素養に頼った「アート」を旨とするイギリスの諜報界は、面白い素材に満ちています。実際、伝説の宗教学者自身が諜報員のリクルートを担っているんですから、彼はまさしく「アート」を体現しています。

佐藤　CIAの係官と話していてびっくりしたんですが、中国分析をする人間は中国に渡航することが禁止されている。また、中国語を学ぶことも奨励されていないんです。そういうことがあるとバイアスがかかるからという理由でね。

手嶋　佐藤さんが例にあげたCIAの要員は、情報分析官なのでしょう。アメリカの巨大な情報機関では、情報をとってくる人と分析する人が明確に分けられている。双方を交わらせないんです。そうすると、小説で最前線のインテリジェンス・オフィサーを描くとしても、全体のストーリー・ラインを承知していないのですから、単なる情報活動の下請け作業員に堕してしまう。

佐藤　CIAでは、現地語で情報を取ってきて全部英語に訳す。それを見て分析することが正しい判断につながると信じていますね。情報をとってくる人間がいる。取ってきた情報を信憑度に基づいて数値化する。数値化するときのクライテリア（基準）にもマニュアルがある。その数値化したものを分析官のところに持っていって判断がなされる、というやり方です。そんな具合に、厖大《ぼうだい》な情報を集めてクォータ化しているんです。全体像を摑んでいる人はいなくなっちゃうわけですね。

手嶋　インテリジェンスの方法論そのものが、アメリカの場合は「技法」すなわちテクノロジーによって支えられている。技術的にマネジメントが可能であると考えている。余人をもって代えがたいなどということはあってはならないという発想なんです。戦車は、普通の成人男子なら車と同じように運転できるよう設計されていてしかるべきだと。実にアメリカ的、フォード的な発想です。

佐藤　だから、情報収集と分析を一緒にやってはならないと。一方で、たとえばモサド（イスラエル諜報特務庁）であるとか、あるいはＳＩＳ（イギリス秘密情報部）やＳＶＲ（ロシア対外諜報庁）に関しては、原則としてクォーター化されているけれど、状況によっては、その問題に通暁し、かつ突き放した見方ができる人物になら、情報収集と分析を共に任せても構わないと考える。ケース・バイ・ケースなんです。これって、つまり無原則ということなんですよ。だから、うんと柔軟な対応が可能になるのです。

手嶋　アメリカのインテリジェンスは、一見すると実にシステマティックにして科学的に映ります。でも、その果てに9・11同時多発テロのような奇襲を許してしまった。断片的な情報は山のようにあったけれど、全体像が摑めなかったからです。

佐藤　そうして、今度は振り子が逆に振れてしまう。インテリジェンス・コミュニティで皆が情報をシェアできるようにした。すると今度は、情報の拡散が起きてジュリアン・アサンジらによるウィキリークス事件が現れたんです。

超大国のよき羊飼いたち

手嶋　インテリジェンスを組織の視点から論じても、あまり実がありません。組織をいくら論じても、生身の人間は浮かび上がってきません。一人の人物の中にインテリジェンスの全容が投影されていなければ、インテリジェンスもテクニカルな話に終始してしまうからです。これが、ＣＩＡを扱った物語や映画に面白いものがない理由なのでしょう。

佐藤　たしかに、ＣＩＡを扱った作品で面白いなと思ったのは『グッド・シェパード』

という映画一つだけです。これはＣＩＡが反応した唯一の映画でもありました。公式のホームページで、我々はＬＳＤを使った自白強要や暗殺などに一切手を染めていない、と反論せざるを得なかった。この映画がかなりリアルであったからでしょう。マット・デイモンの迫真の演技もあったのだけれど、ＣＩＡ自体が舞台となった面白い作品というのは他には生まれていません。

手嶋　あの映画は、細部に美が宿っていました。登場するワシントンのレストランや情報交換の場所もリアルそのものでした。

佐藤　ＣＩＡが小説の素材になりにくいのには、もう一つ理由があるのです。それはＣＩＡを擁するアメリカという国が、あまりに強すぎるからなんですよ。国家が強すぎると、情報を間違えても、それは単なるコストの問題にすぎなくなる。ゴリ押しを可能にしてしまう。こういうインテリジェンスは小説として面白くない。

手嶋　ＣＩＡのインテリジェンスが間違っていても、最後は強大な国家が武力で決着をつけてしまうというわけですね。その典型が、二〇〇三年のイラク戦争でした。サダム・フセインが大量破壊兵器、すなわち核兵器や生物・化学兵器を隠し持っているとして、アメリカは伝家の宝刀を抜いてイラクに襲いかかりました。結果的には、そのインテリジェンスは惨めなまでに間違っていた。アメリカは国際社会から厳しい指弾を受けましたが、それでも平然としている。

佐藤　そんなことができる唯一の国がアメリカです。さらに進んで、イラク戦争のときにはまだ暗殺はしないことにしていたのが、今度はそれも解禁して、オサマ・ビンラディンを殺害しました。

ビンラディン殺害に正義は

佐藤　ビンラディン殺害についての日本政府の対応は、なかなか面白かったですね。外務省の長嶺安政国際法局長が「これをどうやって国際法的に正当化するんですか。国際法に違反しています」とはっきり言明していた。しかし、同時に日本政府は、菅直人首相が談話を発表し、世界の主要国の中で最初に歓迎する旨、表明しています。菅首相はこの支援声明で、ものすごいアセットを得たんです。合法的なことを支持したってそんなに感謝されない。菅首相は、そこに法的根拠があろうとなかろうと、最初から「これはアメリカの快挙である。ぜひ支持したい」と言いきる腹を固めていたようですね。

オバマ大統領にとって、日本の支持は重要なことでした。なにしろ、明確に支持を表明した主要国の首脳は、菅首相を除けば、イスラエルでも強硬派で知られるネタニヤフ首相だけですから。

手嶋　「オバマ政権の一期目を象徴するような写真を一枚挙げよ」と言われれば、間違いなくこのときのもの――二〇一一年五月一日、ビンラディン殺害作戦時のホワイトハウスのシチュエーション・ルームで撮られたものです。ビンラディンが殺害される瞬間を捉えた映像がスクリーンに映し出され、オバマ政権の首脳たちがじっと見入っている。

なかでも印象的なのが、アメリカ版の鉄の女、ヒラリー・ロ－ダム・クリントン国務長官が「あっ」と叫んだように口を押さえている。ワシントンでこの人を取材して、その人となりを良く知っている者としては、意外な印象を受けました。いつもなら、感情を表にあらわすほど、ヤワじゃない。彼女は全米で「弁護士の百傑」に選ばれた歴戦のつわものです。そんなヒラリーが「あっ」と叫ぶとしたら、ビンラディンを殺害した決定的な瞬間以外にありえません。

佐藤　シチュエーション・ルームを覆っていた何とも言えない緊張感が、一枚の写真から伝わってきますね。ビンラディン殺害に果たして正当性はあるのか。そうした疑問を国際社会に抱かせる映像です。

手嶋　大統領が力の行使に踏み切ったときには、アメリカ議会は与野党を超えて支持するのが普通です。しかし今回ばかりはあまりのことに、ホルダー司法長官を議会の公聴会に呼びつけて「いかなる大義名分でビンラディンを殺害したのか説明せよ」と迫っています。ホルダー司法長官はあろうことか、太平洋戦争の話まで持ち出しました。真珠湾奇襲攻撃を指揮した山本五十六提督の搭乗機を撃墜したことになぞらえて、ビンラディン殺害の正当性を主張しています。宣戦布告なしの真珠湾攻撃を敢行し、おびただしい数のアメリカ軍兵士を殺した山本提督に制裁を加えたのと同じことだというのです。「これは戦争なんだ」。だから、暗号解読によってブーゲンビル島上空で搭乗機を待ち構えて撃墜した。これのどこに問題があるのかと言うわけです。「戦争なんだから」と言うだけで、国際法上の枠組みには一切触れていない。

佐藤　触れられないのでしょう。

手嶋　アメリカ政府も気にしていない素振りは見せているものの、少しは気に病んでいるのです。いつもはなんとかアメリカ支持の理屈をひねり出してくれる日本の条約官僚、彼らこそ条約の有権解釈権を司っている最強の集団なのですが、今度ばかりは同盟国アメリカの力の行使に大義名分を見つけられなかった。

佐藤　日本の外務省の主流は、条約畑を歩んできた連中なんですよ。それは、外務省首脳のキャリアを見れば一目瞭然です。

手嶋　いまでも鮮明に覚えている出来事があります。クリントン政権は一九九八年、イラクの情報当局の施設などに巡航ミサイルの攻撃を仕掛けました。攻撃後に、アメリカ国務省は、同盟国の主だった外交官を集めて攻撃の経緯や理由をブリーフィングするのです。

佐藤　これは何も親切心からそうするのではありません。アメリカの行為への支持を取り付けるためなのです。そのための事情説明ですよね。

手嶋　在ワシントン日本大使館のナンバー2だった次席公使が、ブリーフィングの席で、攻撃の法的根拠について尋ねたのです。国務省側の説明では正当性に全く触れなかったからです。恐る恐る手を挙げて「今回の攻撃はいかなる法的根拠に基づいたものか」と。ところが、先方はきょとんとしている。正当性など端《はな》から関心がなかったのでしょう。困り果てた公使は「正当防衛ということでいいんですね」と念を押すと、アメリカ側は不承不承、「うん」と頷いたにすぎなかったと言います。日本側がそれでいいならということだった。東京に打電された公電に基づいて、本省は「今回の攻撃については、支持まではしないが、正当防衛ということで理解はできる」と記者会見しました。ところが今度のビンラディン殺害のケースでは、条約官僚は「理解」さえ示さなかったのです。

佐藤　少し意地悪く言えば、官邸からの「外圧」を使ったわけですよ。今回は、首相官邸のほうからビンラディン殺害支持のメッセージを、と言ってきた。そのとき誰かが耳打ちしたに決まっている。外務省には、こうしたケースでは必ず予定稿があるはずですというふうに。ビンラディン殺害成功のときに備えての予定稿ですね。そうしたら、偶然、官邸の意向に沿った予定稿が出てきた。もちろん、耳打ちをした人は予定稿の作成に参加していた。これは典型的な外務省の外圧政策です。

北米局としては、理屈なんかどうでもいいからアメリカを支えて欲しいんですよ。ところが国際法局としては、あまり下品なことはできない。そのとき、官邸の命令ですぐにやれとなったのだから、渡りに船でうまくごまかしてしまった。こういう外務官僚の「集合的意識」が作用したのだと思います。

手嶋　二〇一一年三月のリビア空爆でも、日本政府はいち早く支持を表明しましたね。

佐藤　このときも、どさくさに紛れてね。これもどうせ、誰かが耳打ちしたに決まっている。国際法局は職業的良心に基づいて、政治と関係ないところで法的に説明しなければいけないのに。

手嶋　日本外交のゴールキーパーたる条約官僚は、政治と一線を画しているべきなのですが、最近の国際法局はそれを放棄しているんですね。じつに摩訶不思議な現象ですよ。

佐藤　国際社会で一国が武力を発動するといった事態が起きたときに、僕が真っ先に思い出すのは、第一次世界大戦勃発の際のウィルヘルム二世のことなんです。当時のベルギー政府は中立を保っていたのに、ドイツ軍は国際法を破ってベルギーに入っていった。「皇帝陛下、どういうことが起こったのですか」となったとき、ウィルヘルム二世は中世の格言を引っ張ってきて「必要は法律を知らない」と答えたといいます。その結果、第一次大戦終結後、法廷にかけられそうになっちゃったんですよ、これは「国際司法の侵犯者だ」とね。たしかに中世にはそういう格言があるのですが、彼が廃位に至る原因の一つは、この一言じゃなかったかと思います。

ネオコンに潜む二重忠誠

佐藤　先に二重忠誠をめぐるケネディ大統領のケースを紹介してもらいましたが、アメリカが何を一番警戒するのか。実は最も緊密な同盟国イスラエルなんですよ。それは、一九八五年に発覚した「ポラード事件」をみればよくわかります。

手嶋　ああ、アメリカ海軍の捜査局にいたジョナサン・ポラード分析官のケースですね。長期間にわたってイスラエルに機密情報を流して逮捕されました。実はイスラエルは安全保障上、アメリカにとって最重要の同盟国ですから、敵国だったソ連に機密情報を流すのと違って、機密を渡す心理的な障壁が低いんです。さらにポラードがユダヤ系だったことも、事件の見逃せない背景になっています。アメリカ政府の機関だと、つい気を許して国家の機密情報を渡してしまう日本の官僚にも同じことが言えるかもしれません。

佐藤　アメリカのカウンター・インテリジェンス機関は、いまも「潜在的なポラード」が数多くいると見て警戒を緩めてはいません。アメリカのカウンター・インテリジェンスの一つであるＦＢＩ（連邦捜査局）も、イスラエルの動きを最も警戒しているんです。

手嶋　イラク戦争の最中の二〇〇四年にも、ワシントンの政界中枢を揺るがす事件が起きています。ダグラス・ファイス国防次官が、カウンター・インテリジェンス当局に摘発されたのです。ブッシュ政権の国防機密をイスラエル側に漏洩したという嫌疑がかかりました。同時に、彼の部下のラリー・フランクリンというユダヤ系の分析官も機密文書をイスラエル側に流したと疑われ摘発されました。しかし捜査は結局、うやむやに終わってしまいます。

ダグラス・ファイスといえば、リチャード・パール、ポール・ウォルフォウィッツの二人と並ぶ「ネオコン（新保守主義者）のトライアングル」の一角を占める大物です。ワシントンで政権の中枢を取材する我々にとっては、「ネオコンの巨頭が摘発された」とのニュースは、言葉にならないほどの驚きでした。あの特異な政治都市で仕事をした人間じゃなければ、その衝撃度はちょっとわかってもらえないかもしれません。

佐藤　この問題のポイントは何か。イスラエルとアメリカは、最重要の同盟国であるにしても、国益が絡む事態が持ちあがったときには、ユダヤ系アメリカ市民の中にはあくまでイスラエルの国益を優先させる、つまり、イスラエルに殉じるポラードのような人間が現にいるという事実なのです。

手嶋　ケネディ大統領の勝利で、アメリカとバチカンの二重忠誠問題には一応決着がついたのですが、アメリカとイスラエルの二重忠誠問題は、いまなお優れて今日的なテーマであり続けています。

佐藤　バチカンも今後は、国家としての機能を強めると思います。そうなると二重忠誠問題は再び両国の関係を緊張させるかもしれません。

手嶋　第四十一代アメリカ大統領、パパ・ブッシュは、見事なまでに形の整った、古き良き時代を思わせるアメリカのエスタブリッシュメントでした。WASP《ワスプ》と呼ばれる、限りなく同質性の高い上流階級から出てきた「最後のアメリカ大統領」かもしれません。この人がなぜ再選を逃したのか。一般には「経済政策に躓《つまず》いた」と解説されますが、躓きの最大のファクターはイスラエルにあったと思います。

佐藤　そのとおりですね。アメリカ政治における「イスラエル・ファクター」は見逃せないですね。

手嶋　イスラエルが建国されて以来、アメリカとの関係が最も悪くなった時期、それはパパ・ブッシュの治世でした。一九九一年の第一次湾岸戦争で両者の緊張が頂点に達したのです。ブッシュ大統領は、この戦いで多国籍軍を取りまとめ、その盟主を務めたのですが、サウジアラビアに進駐したことで、アメリカの安全保障の重心がアラブ寄りに傾いたため、イスラエルの安全保障を危機にさらす結果を招いた、少なくともイスラエル側はそう受け取ったのです。

佐藤　イスラエルは、アメリカが常に自分たちにピタリと寄り添っているという前提で行動しています。アラブ穏健派にも配慮したアメリカの行動にイスラエルは反発を強めていきました。

手嶋　アメリカとイスラエルとの軋轢が、パパ・ブッシュの再選を阻む重要なファクターになったのです。ユダヤ票は、数ではさして多くありませんが、資金力やメディアへの浸透力には隠然たるものがありますから。父の敗北を身近で見ていた息子のジョージ・W・ブッシュは、決して親爺の轍を踏まないと誓ったのでしょう。選挙戦ではユダヤ票をがっちりと取り込んでいきました。このあたりの政治センスは抜群です。

ブッシュ陣営はネオコンたちを抱え込んでいきます。テキサスに本拠があるコーナーストーン教会は、キリスト教右派の一大拠点で、有名なテレビ伝道師を擁して豊富な資金力をテコに、全米に教会組織を張り巡らしています。この教会にイスラエルの超保守派ネタニヤフ氏と教会指導者がにこやかに握手する写真が飾られていました。彼らの連携ぶりが見て取れる一枚です。ユダヤ系とキリスト教右派は、奇妙な取り合わせと映るかもしれませんが、旧約聖書の物語を辿れば矛盾はしないのでしょう。

佐藤　旧約聖書に加えて、最後の日に現われる黙示録の独自解釈が重要です。それによって、黙示録に現われるイスラエルと現実のイスラエルを重ねるんですよ。これは非常に巧みなイメージ操作です。アカデミックな神学からするとナンセンスで、知的水準は低い人たちなんだけれども、現実の世界では力があるんですよ。一般論として、知的な水準があまり高くない人のほうが、宗教では力を持ちますからね。

手嶋　なるほど。パパ・ブッシュと息子のブッシュの、政治家としての見立てを聞いているような気がします（笑）。両者を比べると、知的水準には、かなりの隔たりがありますから。ただ、温かみのある人柄、そして政治のセンスは、息子に軍配を上げなければ公平を欠きます。父が為し得なかった再選を見事に果たし、偉大な父を見返してやる。そのためには、ユダヤ系の政治勢力とも思い切って手を握る。そんな豪胆さが息子にはありました。もっとも、それが彼をイラク戦争に駆り立て、中東の混迷をもたらしてしまったのですが。

アメリカ版パナマの仕立屋

手嶋　サダム・フセイン政権を武力で倒したイラク戦争は、インテリジェンスの視点から検証すると、多くの教訓を残しています。自由やデモクラシーの価値観を、独裁が支配する中東に押し広げていく。こうした民主主義のグローバリゼーションを志向するネオコンは、一見するとインテリジェンスを存分に駆使して、力の発動に踏み切ったように見えます。しかし、彼らのインテリジェンスは惨めなほどに間違っていた。

佐藤　これは大変に示唆的ですね。

手嶋　同時多発テロ事件から一年半経った二〇〇三年三月、イラク戦争の火ぶたが切られました。しかし、すでに二〇〇一年の十二月には、ブッシュ大統領がラムズフェルド国防長官にイラク攻撃の作戦案を策定するよう密かに命じています。こうした大統領の胸の内は、やがて岩に水が染み入るように、政府部内に伝わっていきました。政府部内の十七あるインテリジェンス機関もそれと気づくようになっていく。そうなると、親分の意をくんだ情報ばかりがホワイトハウスに集まるようになります。リーダーたるもの、精緻なインテリジェンスが欲しければ、胸の内を部下に悟られてはなりません。

佐藤　そうなんです。アメリカは、イラクに大量破壊兵器があると意図的にでっちあげたんじゃない。政権の中枢に集まってくる情報が、ことごとく大量破壊兵器の存在を示唆するものばかりになってしまったからです。そのあたりの機微を明らかにした傑作が、ボブ・ドローギンの『カーブボール』（産経新聞出版）です。イラクからドイツに亡命した怪しい兄ちゃんのホラ話が、どうして急速に肥大化していったのか。そのディテールが際立っている。生物・化学兵器の存在については、「カーブボール」というコード・ネームを持つ男の作り話が根拠になっている。ジョン・ル・カレ原作（『パナマの仕立屋』／集英社）の映画、『テイラー・オブ・パナマ』のイラク版ですよ。パナマに住むいかがわしいイギリス人テーラーのヨタ話に、情報のプロが踊らされていく。あの禍々《まがまが》しい雰囲気に、じつによく似ています。

手嶋　インテリジェンスには、パナマの仕立屋的ないかがわしさが付きまとっているものなのです。「カーブボール」という希代の嘘つき男に騙されたというより、戦争を決意したブッシュのアメリカが「カーブボール」を生み出していったのです。

佐藤　そう、アメリカが望んでいる話にすとんとはまってしまった。「カーブボール」は標準的な嘘つきにすぎない。話を膨らませていく手法も、さして天才的というわけじゃない。その標準的な嘘つき男が、戦争を引き起こす一つのきっかけになった。時代の空気がまさしくクセ球を生んだんです。それだけに、山本七平さんのいう「『空気』の研究」がすごく大事なんです。

手嶋　「時代の空気」がどうも自分を必要としているらしい。必死で生き残ろうとする実際の「カーブボール」はそう気づき、情報当局が求めるおいしい餌をどんどん供与していった。これからの仕事、手厚い年金、マイホームといったご褒美を次々にせしめるために。かくして「カーブボール」情報は、瞬く間に肥大化していったのです。

佐藤　このプロセスを見ていると、アラブ人というものは、もともとインテリジェンス感覚に長けているなあと思います。やはり商人の交渉術がどこかで受け継がれているのでしょう。

手嶋　ニジェール産のウランがイラクに渡ったという怪しい情報も、同じ軌跡を辿っています。アメリカが開戦の大義を必要としていた中で、化学変化を起こして肥大化していったのです。そして最後は、ブッシュ大統領の公式のスピーチにも引用されてしまいます。そもそもはイタリアの諜報機関に持ち込まれた、じつにいかがわしい情報だったのですが、ロンドンのＳＩＳを経由したことで信憑性を増していったのです。

佐藤　情報はキャッチボールされていくうちに化学変化を起こしてしまいますからね。

インテリジェンスのロシア的風土

手嶋　ここでインテリジェンスのプロ中のプロ、ウラジーミル・プーチンを再び大統領に戴いたロシアについてみてみましょう。ロシア人は、とりわけロシアのインテリジェンス・オフィサーは、国家と家族のどちらにロイヤリティ（忠誠心）を持っているんでしょうか。

佐藤　いきなり低めに剛速球が飛んできましたね（笑）。「家族」か「国家」か。そのいずれを取るかという段になると、ロシアでは「家族」をとるのが当たり前です。それがロシア的風土なんですね。だから、恋愛問題に対してロシアの情報機関というのは非常に厳しいわけです。

手嶋　ジョン・ル・カレ原作の映画『ロシア・ハウス』で、イギリス秘密情報部の臨時雇いのスパイ、ショーン・コネリーが、共産党支配下のソ連に暮らす恋人、ミシェル・ファイファーを連れ出して、リスボンへの脱出行を企てます。あの物語は、ロシア人のインテリジェンス文化の陰画になっていました。

佐藤　ロシア人らしい面白いケースがあります。フルシチョフの息子セルゲイ・フルシチョフが書き起こした『フルシチョフ回想録』の中で、ＫＧＢ（国家保安委員会）の人間がフルシチョフと息子に、ブレジネフたちが陰謀を企てたと事前に連絡してくるんです。その情報を受けた息子セルゲイは、父親を助けるべく動くんですよね。しかし結局、フルシチョフは失脚し、政治局の会議で息子のことが問題になる。「あの野郎、少し締めたほうがいいんじゃないか」と。そうしたら、ある人間がこう言ったと書かれています。「いいじゃないの、子供が親を心配するのは当たり前じゃないか」と。それで不問に付された。この感覚ですね。これは誰かとは書いていないけれど、僕はグロムイコかスースロフとか、その辺じゃないかと思う。

手嶋　冷たい戦争を同じ陣営で戦ったソ連と東ドイツでも、インテリジェンス文化は随分違っていますね。

佐藤　ええ、東ドイツはソ連とはかなり違っています。シュタージ（東ドイツ国家保安省）の高官だったマルクス・ヴォルフの回想録や、ＫＧＢの諜報員だったコンスタンチン・プレオブラジェンスキーの手記『日本を愛したスパイ』（時事通信社）を見てもわかるんですが、東ドイツはけっこう、セックスを工作に使う。これはやはりナチスの伝統ですよね。しかも、女性を道具として平気で扱うんです。ところが、愛が生まれたときに、国家を裏切るようなことになるのかどうか、ここはロシア人よりクールかもしれない。

ちなみにイスラエルっていうのは、アラブ人に女性工作を仕掛けない。仕掛けても意味がない。俺にはこんなに女がいるんだという自慢話にしかならず、国を裏切るようなことはないから。だから、女性工作が使われる文化圏というのは、ある意味、女性や家族を大切にするところに限られるんですね。

こう考えてくると、要するに、政治家は独身者がいいのか、子供は作らないほうがいいのかと、こういう議論になってくるわけですよ。カトリックの聖職者は独身ですが、裏を返せば、バチカンに集まっている人間というのは、自分の家族のことをほぼ考えないで政治だけやっているわけですから、そういう人たちが強いのは道理ですよ。

人材養成に費やすロシアの悠久

佐藤　ロシア人との長い接触を通じて、最も驚いたのは、とにかく時間をかけて人を育てるということですね。ソ連時代の話ですが、たとえばスパイをジャーナリストに偽装させて日本に送り込むときも、じっくりと養成する。ロシアの大学は五年制ですから、モスクワ国際関係大学で五年間学ばせ、その後、KGBアカデミーで三～五年ぐらい研修させて、という具合です。その後、ノーボスチ通信社で偽装のための訓練をする。ここでの期間、何年だと思います。

手嶋　ここでも数年でしょうか。

佐藤　そうです、五年。ということは、偽装というより、本当のジャーナリストになってしまうんです（笑）。大学の研究機関で研究させたなら、やはり五年研修させるわけ。その研究分野で十分、独り立ちできる人間になっちゃうんです。

手嶋　ドイツの一流紙の東京特派員として、優れた分析記事を書いたリヒャルト・ゾルゲを思い出しますね。ゾルゲは、たしかにソ連赤軍のスパイでしたが、彼がものした記事は後に『ゾルゲの見た日本』（みすず書房）にまとめられて、いまも読み継がれています。

佐藤　彼らは、ゾルゲのように厳しい知的訓練を受けているんです。どの段階になったら偽装が終了するのか。それは、本人が納得できたらということです。だから五年で納得できる人は五年で、七年で納得できれば七年。納得できない人はおしまい。組織から去ってもらう。しかし、それはソ連崩壊以後、非常にプラスになるんですね。要するにインテリジェンスというのは国家に従わないといけない。世界革命を実現するための手段としてのKGBが、SVR（対外諜報庁）に組織が変わったという局面で、彼らは反共国家ロシアにあって、今度は共産主義を取り締まる側に回ったわけですね。

手嶋　KGBの皆が皆、これから奉ずる錦の御旗、つまり新しいイデオロギーに宗旨替えしたわけではないでしょう。

佐藤　信念として受け入れられない人たちは当然、出てくるわけですね。そういったときに、その連中を追い払った場合、秘密をいろいろ知っているから、秘密組織はやばいことになる。様々に曝露されてしまう可能性がある。そこでもあえて防ぎ止めなくても、偽装していた時代に身につけた立派な職業をみな持っていて、そこで自分の場所を得て飯が食えていけるから、特に喧嘩はしないいんですよ。あえて防ぎ止める必要がない。

手嶋　このあたりのノウハウは、かなりのものがありますね。唸《うな》ってしまう。

佐藤　ロシア人ていうのは、これは帝国の特徴が出ているのですが、まずエリートと大衆が違う。エリートは国家の体制にロイヤリティを非常に強く持つ。多分この類稀なロイヤリティは、教育によって作り上げるのは無理じゃないかと思います。インテリジェンス・オフィサーの場合は特にそうです。生まれたとき、いやむしろ生まれる前から決まっている天性のようなものです。ごく少数のそういう人たちを、どうやってうまく拾えるか。それこそが、インテリジェンス機関の仕事だと思うんですよ。だからインテリジェンス機関というのは、ぎりぎりのところになると、人を養成するのではなくて、人を発見するということが大事になってくるんですよ。

手嶋　そのあたりもイギリスの情報機関と瓜二つですね。

佐藤　手嶋さんが書いたインテリジェンス小説『ウルトラ・ダラー』には、そのあたりの機微がじつによく描かれていますね。オックスフォード大学の老教授が、SISのリクルーターなんですから。

手嶋　正直に言ってしまえば、オックスフォード大学リンカーン・コレッジの実在のプロフェッサー・グリーンなんです。れっきとした宗教学の泰斗なのですが、課報員としての素質を見抜いて、SISにスカウトするのが任務です。キャンパスに新しい学生が入ってきたら、すれちがいざまに、内に眠っている素質を見抜くことのできる達人です。キャンパスにいる三年間があれば、リクルートの期間として十分なわけですよ。言うまでもありませんが、ギリシャ正教研究の分野では優れた業績を残しています。わが小説の主人公、スティーブン・ブラッドレーは、まさしくこのような特殊なリクルート・システムで見出された麒麟児です。

教会インテリジェンスの深奥

佐藤　一九七〇年代の前半までのことですが、東西冷戦の時代にあっても、ベルリンの壁を自由に行き来できた一群の人たちがいました。この事実は案外と知られていない。彼らは宗教界の人々だったのです。プロテスタント教会の一つ、ＥＫＤ（ドイツ福音主義教会）は、六〇年代末まで東西両ドイツにまたがる組織で、この神学校の神学生は両ドイツをほぼ自由に移動できた。両陣営の暗黙の合意のもと、わざとそういう体制にしていたんですね。

手嶋　それで東ドイツにも、西ドイツと同じように「キリスト教民主同盟」があった背景が理解できます。戦後のドイツは東西に分断されていましたが、キリスト教を基本理念とする政党はベルリンの壁を乗り越えて共通の基盤に立っていたのです。

佐藤　当時の東ドイツで刊行されていた『ドイツ社会主義統一党ＳＥＤ史』という本を読むと、一九七〇年代の真ん中くらいまでは、教会は、かなり独自の活動をしていたために、党と教会は相当の緊張状態にあった。現にトラブルも発生しています。たとえば出版活動に関しては、キリスト教民主同盟の同盟出版、プロテスタント教会の福音主義出版局という出版社があった。

一九六九年にドイツ民主共和国福音主義教会連盟、つまりブントという別のプロテスタント組織が作られますが、七〇年代半ばまで、東西ドイツのプロテスタント教会は緊密な関係を維持していた。東ドイツの教会は、ジュネーブで西側の教会と交流していたのです。

手嶋　これは教会同士の交流にとどまらない、重要な政治的な意味を含んでいました。東西両ドイツの教会同士の地下水脈を介した密やかな交流こそ、後にベルリンの壁を崩壊させる伏線になっていきました。

佐藤　アンゲラ・メルケル首相がなぜ旧東ドイツ出身とされているのか。彼女の家系は、もともとは西ドイツですが、親が牧師で東ドイツに暮らしていたのです。

手嶋　冷戦下のドイツにあっては、教会という存在そのものが、優れたインテリジェンス機能を果たしていたと見るべきなのでしょう。

佐藤　そのとおり。七〇年代半ばまでは、本質的な意味でインテリジェンス機関であったと言えるんです。

手嶋　東西ドイツのキリスト教会は、人質の交換、それから事実上の亡命の斡旋も行っていた。とりわけ重要なのはインテリジェンス・オフィサーの交換です。彼らが主要なチャンネルだったわけですね。

佐藤　まさにそうです。教会という場所はヨーロッパの情勢を考える上でじつに重要です。プロテスタント教会ですら見逃せない役割を果たしているのですから、統一した教会組織を全世界に張り巡らしているカトリックは推して知るべしでしょう。しかもその機能は、プロテスタントと全くと言っていいほど違います。東西冷戦が終結したいまも、カトリックは裏のインテリジェンス機関として高い機能を発揮しています。

手嶋　カトリック教会畏るべし。日本では、インテリジェンス機関としてのカトリック教会には、驚くほど注意が払われていません。しかし、インテリジェンスの世界では、バチカンの存在にはじつに重いものがあります。

佐藤　全世界のカトリック教徒を率いるバチカンは、もの凄く重要です。バチカンというのは、ある意味では「インテリジェンス・サイクル」を全く無視したインテリジェンスなんです。

手嶋 読者のために少し解説をさせてください。ふつう「インテリジェンス・サイクル」というのは、国家の政治指導者が、こんな情報を知りたいとリクエストすることで回りだします。たとえば、日本の総理が、イスラエルと北朝鮮は地下水脈を介して密かに接触しているのではないのかと情報を要求する。それを受けて政府部内のインテリジェンス機関が様々な情報を集め、別のスタッフが分析して報告をあげる。ところがバチカンに所属する神父は、各人独自の判断で情報収集しているのが特徴というわけですね。

佐藤 そう。バチカンの神父というのは、カトリック教会に忠誠を誓うと同時に、バチカン市国という国家にも二重に忠誠を誓っています。宗教者としては、知り得た個人的な情報や信者の秘密を守らなくてはいけない。でも一方で、国家に属する人間として必要な情報はバチカンに報告しています。つまり情報収集、評価、判断、報告、意思決定という一連の「インテリジェンス・サイクル」を、全て神父個人がやっているわけです。一切を一人の判断でやっている。しかも告解においては、完全に隔離された空間で、信者と一対一で情報収集できる強みがある。

バチカンという組織を考えるときには、やはり「イデオロギーの強さ」を実感せざるをえません。ひと昔前、ポスト・モダン思想というのが流行りました。近代的なシステムは、色々なところでほころびをきたして危機的状況を呈しています。しかしながら、近代のシステムを大きく変革するようなシステムは出現していません。

国家権力のあり方にいくら疑問が呈されても、現在のアメリカの民主主義もイスラム原理主義も、「自由」や「権利」といった近代の大きな物語を前提に回っています。現代人は金の亡者だなどと資本主義社会の限界が指摘されたところで、人間の価値や生きる目的を別の尺度できちんと定義することができていないわけです。

手嶋　そうした状況下で、バチカンのような変わらぬ教義に貫かれている組織の強みは際立っています。

佐藤　そう。「プレモダン」で解決する、という方向が出てくるわけです。宗教や占い、伝統など、非合理的なものはみな、プレモダンの一種です。非合理で説明がつかない分、プレモダンには強さがあります、そして有無を言わせない強制力や解決力がある。カトリックの強さというのも、こうしたプレモダンの強さなんですね。

手嶋　プレモダンの強さを秘めたバチカンが展開するインテリジェンスは、侮れない実力を秘めている、と言えますね。

佐藤　バチカンのインテリジェンスの強さは、近代的な枠を超えた思想を持っているところにあります。その強さは死後の世界までも支配する。今後、バチカンやカトリック圏が、現代の近代的価値観に寄り添うのかプレモダンに戻るのかは、インテリジェンスの方向にも大きな影響を与えるでしょう。

第八章　「日の丸インテリジェンス」はまた昇る

和戦の決断を支える者たち

手嶋　安倍晋三総理というひとは、第一次安倍内閣のときに志半ばで日本版ＮＳＣ（国家安全保障会議）を断念して以来、その創設を何としても果たしたいとしてきました。日本のメディアは、この組織について様々に報じていますが、本質を衝いた報道は驚くほど少ないですね。それ自体、戦後の日本の姿を象徴していると言えそうですが。

佐藤　日本版ＮＳＣをひとことで言えば、究極の有事に遭遇して、日本が戦争に突き進むのか否かを決める機関といっていいでしょう。

手嶋　日本版ＮＳＣを創設する法律には、直接的にはそんな表現を使ってはいないのですが、佐藤さんが断じたように、開戦か和平かを実質的に決める重要な機関です。今度の国家安全保障会議設置法では、日本版NSCを構成する主要メンバー閣僚である総理、官房長官、外相、防衛相の四閣僚が、武力攻撃事態に関し、審議を行うことができると書かれてあります。

佐藤　日本版の国家安全保障会議の本質は、設置法がいうような、「迅速かつ適切な対処が必要と認められる措置について内閣総理大臣に建議することができる」などというものじゃありませんよ。中国の人民解放軍が尖閣諸島を武力で侵してきた時、これに応じて戦端を開くか、あくまで平和的な外交交渉に頼るのか、総理が実質的に最終決断をくだす場となるのが、この日本版の国家安全保障会議です。

手嶋　安倍内閣がお手本にしているアメリカ版のNSCが果たしている役割をみれば、その機能は一目瞭然です。National Security Council 即ち、国家安全保障会議は、米ソの冷戦が、現実のものになりつつあった一九四七年に創られました。その役割は、大統領が軍事力の行使を命じるか否か、その重大な決断を補佐して誤りなきを期するのが責務でした。一九五〇年六月、朝鮮半島で北朝鮮軍が三十八度線を突破して韓国に雪崩れをうって侵攻した時、在韓米軍と在日米軍をして北朝鮮軍を迎え撃つように命じたハリー・トルーマン大統領の迅速な決断を促したのもこの機関でした。

しかし、大統領の決断を補佐する機関がいくらあっても、肝心のアメリカ大統領が四軍をはじめ国務省や国防総省といった巨大な官僚機構をがっちりと統御していなければ、彼らのいいなりになってしまう。一九六一年、ジョン・F・ケネディが、四軍を統率した経験をもたないまま、四十代半ばの若さでホワイトハウスに入った直後、キューバのピッグス湾に侵攻する作戦を安易に認めてしまい、惨めな失敗に終わりました。

佐藤　誤った決断に誘い込まれていった、苦い教訓になったのでしょうね。

手嶋　その若き大統領から国家安全保障会議の取りまとめを託されていたのが、マクジョージ・バンディでした。ケネディ大統領は、翌六二年十月に起きたキューバ・ミサイル危機では、意思決定の主導権をもはや軍に渡そうとはしませんでした。これ以後、このポストには、超大国アメリカがその時々に擁する安全保障分野の逸材が就いてきました。米中接近劇を演出したヘンリー・キッシンジャーから湾岸戦争を勝利に導いたブレント・スコウクロフトまで、綺羅星のごとき逸材が居並んでいます。

佐藤　これからも分かるように、日本版のNSCも、内閣総理大臣が将来、国家の命運をかけて軍事力を行使すべきか否か、その決断を迫られた時、総理を補佐して誤りなきを期す役割が、国家安全保障担当補佐官に期待されているんです。従って、この組織がきちんと機能するかどうか、それはかかってどんな人材をこのポストに充てるのか、総理の器量が試されている、こう言っていいでしょうね。

農本主義としてのインテリジェンス

手嶋　安倍内閣は、日本版NSCの創設に続いて、日本版CIAも設立したいと考えていると思います。しばしば指摘しているのですが、G8（主要八カ国）のなかで対外情報機関を持っていないのは、日本だけですから。しかし、器だけをつくっても、それに酒を注いで熟成させるには、随分と時間がかかります。現代のニッポンは、「インテリジェンス」という言葉の訳語すら満足に持っていないのが実情です。日本版NSCを設置する法律の中でも、「インフォメーション」を「資料」と呼び、「インテリジェンス」を「情報」と言い換えているくらいですから、溜息が出てしまうなあ。

佐藤　しかし手嶋さん、近代日本の歴史をふりかえってみれば、名うてのインテリジェンス・オフィサーが数多く輩出している。こうした人々のDNAは、われわれの体内にも受け継がれているはずですよ。僕が最近見方を変えているのは、松下政経塾に対する評価です。

手嶋　えっ、松下政経塾に対する佐藤さんの評価が底を打ったんですか。僕は、かつてもいまも、一貫して批判的です。ああした学校からは、「決断するは我にあり」という人材は出てきません。

佐藤　しかし、政経塾以外には民間で政治家を養成するシステムはありません。現実には松下政経塾に接ぎ木をしていく以外にないと思うんです。松下政経塾は、ある程度まで日本のインテリジェンス教育を民間で担ってきた面がある。そこに凝縮されていたものを政治に転換することで、捻《ねじ》れが入っちゃっているんです。そこには速成教育にせよ、学校の秀才とは違う形で人の心を捉えるといった技法は伝授されているわけです。

手嶋　インテリジェンスの技は、いまは民間の経営にも幅広く生かされていますが、基本的には国家の、それも国家の安全保障に資するものです。松下政経塾の視点は結局、民間の経営者のものでしかないと思います。

佐藤　より正確に言えば、松下政経塾からすっぽりと抜け落ちているのは、経営者の視点でもなく、労働者の視点でもない。農業者の視点だと思うんです。二〇一一年にノルウェーで悲惨な連続テロ事件が起きましたが、実行犯の内面は、一種の農本主義（農業を社会体制の基軸としようとする思想）に満たされていました。

手嶋　平穏なはずの北欧の地で「テロル」に及んだ犯人は、自宅で農地を耕していました。菜園をつくりながら、同時に銃の射撃訓練を繰り返し、テロルの意志を滾らせていた。

佐藤　農業というのは思想と深く関係しているんですよ。戦後の日本の高度経済成長の源泉は、農業だと僕は思っています。農業をやる感覚で研究開発をやった。自動車をつくった。鉄鋼をつくった。だから日本の高度経済成長というのは、農民の論理で行われたと思っています。これは決して商人の論理じゃない。松下幸之助がものづくりを行ったにもかかわらず、松下政経塾に欠けているのは、生産の思想です。戦後の日本の経済成長の源であった農本主義の視座が決定的に欠けていることです。言葉をかえていうなら、自然制約性に関する思想が欠けちゃっている。だから日本版インテリジェンスで重要なのは、日本人に根強い農本主義的な発想をどうやっていまの政治に取り入れるかなのです。

孤高の露探 石光真清

手嶋 いよいよ佐藤さんとの対論も、「日の丸インテリジェンス」をどのようにして復権させるかという喫緊のテーマにさしかかってきました。頭抜けた軍事大国は、必ずしも優れたインテリジェンス大国にあらず。これはわれわれの共通認識です。いいですね。

佐藤 異存ありません。強大な軍事力を持つアメリカのような国は、インテリジェンスが間違っていても、最後は力で決着をつけてしまえるからです。詳しく検証したイラク戦争がその典型ですね。

手嶋 一方で、日露戦争をかろうじて勝ち抜いた日本人には、インテリジェンスの豊かなDNAが脈々と受け継がれている。これもわれわれの共通認識です。従って「日本は情報小国なり」と絶望の唄を歌うのはまだ早いのです。明治という時代が生んだインテリジェンス・オフィサー群像は、当時の世界的水準から見ても、超一級だったといっていいでしょう。

佐藤 これも、異論はまったくありません。

手嶋　これら明治期の青春群像のなかで、好きな人物をひとりあげよと言われれば、やはり石光真清ですね。自らを律するに厳しく、いかにもあの時代の青年らしい。明治という時代がもっていた凜とした空気が、どこか伝わってきます。
佐藤　『城下の人』をはじめとする『石光真清の手記』四部作の著者ですね。これは公刊することを想定せずに書かれたメモワールなのですが、この類稀な著作が残されたことで、明治という時代を駆け抜けた情報士官の素顔を知ることができました。
手嶋　後に西南戦争で、西郷軍が死闘を繰り広げる官軍の居城、熊本城下に明治元年（一八六八）に熊本藩士の子として生まれたのが石光真清です。若き明治国家とともに誕生し、青年期をあの時代とともに生きたひとりです。
佐藤　『坂の上の雲』に描かれた秋山好古《よしふる》よりやや後輩ですが、同世代のひとですね。
手嶋　石光真清は陸軍幼年学校から陸軍士官学校にすすみ、やがて陸軍士官となります。そのまま陸軍の要路を歩んでいれば、将官の地位が約束されていた逸材です。しかし、日清戦争に出征した若き士官、石光真清は、北の強国ロシアの影が極東に伸びていることを敏感に感じ取ります。彼は一八九九年に軍を休職して、帝政ロシアが極東経営の拠点都市として築いたブラゴベシチェンスクになんと自費で留学します。

佐藤　明治期を代表するインテリジェンス・オフィサー、石光真清の誕生ですね。

手嶋　北の大国ロシアがシベリアの鉄路を東に延ばして、野望を滾らせ、北方の脅威が極東の島国、日本にも迫ってくる。そう敏感に感じ取り、石光真清は軍人としての栄達の道を断って、当時でいう「露探」に身をやつす覚悟を固めたのです。

佐藤　いまでも僕のことを「露探」という輩がいますよ（笑）。ロシアの機密情報を掠め取る奴と見ているのならばまだしも、この言葉はロシアのために情報を集めるスパイという意味で使われることもある。僕のことは別にして、ロシアに関する情報を生業とする者がいまなお日本でどのように見られているか、おわかりでしょう。

手嶋　ブラゴベシチェンスクは極東ロシアの最大の軍事拠点でしたから、石光真清は「菊地正三」と名を変えてロシア人将校の家に寄宿し、その夫人から生きたロシア語を学び、土地の人々と親しく交わります。こうした暮らしのなかで帝政ロシアの生々しい政情に通じていきました。ここで石光は「アムール川の虐殺」として歴史に刻まれている惨劇を目の当たりにしたのです。石光の人生の転機となった一大事件です。

佐藤　中国で反帝国主義運動を繰り広げていた義和団が北京を占拠し、ドイツ公使を殺害して、西欧列強の公使館を包囲します。こうした排外主義の波が満州にも及び、義和団の一部が国境を侵してブラゴベシチェンスクを砲撃します。ロシア軍は直ちにこれに反撃し、ブラゴベシチェンスクに居住していた清国の民間人およそ三千人が虐殺されてしまいます。

手嶋　それらの夥しい数の遺体がアムール川に流される様を石光はじかに目撃し、この惨劇を後に手記に記しています。「この日から大東亜争覇の大仕掛けな血闘史が幕を切って落されたと言ってよい」と。黒竜江沿岸の清国側の街でも、清国人の虐殺が相次ぎ、ロシア軍は虎視眈々と満州を窺っていた。極東の小国から来た青年士官は、それを日本の姿に重ね合わせてあすはわが身と危機感を募らせたのでしょう。

実は、八〇年代初め、中ソ対立のゆえに国際政治の空白地帯といわれる中ソ国境地帯に西側メディアとして初めて入境したことがあります。アムール川の畔に広がる中国側の街、黒河から、石光が暮らした対岸のブラゴベシチェンスクの灯を眺めたことがありました。「ああ、あの街に石光真清が留学生として、後年は陸軍の嘱託として潜んでいたんだなぁ」と感慨を覚えたものでした。ダマンスキー島で中ソの精鋭部隊が激突してそれほど年月が経っていませんでしたので、国境地帯には砲台が並んでものものしい空気に支配されていました。

佐藤　石光にとっては、変転極まりない極東情勢と彼の人生がピタリと重なっていたのですね。時代の荒波に身を投じていくさまが、目に浮かんでくるようです。

手嶋　エリツィン革命をクレムリン宮殿の奥深くで目の当たりにした、佐藤ラスプーチンを彷彿とさせますね。ロシア軍の極東侵攻と馬賊狩りの騒乱が続く満州。こうしたなか、石光は馬賊の頭目や日本人の娼館の女主人とも誼《よしみ》を結び、時に洗濯屋になりすましてハルビンに潜り込んでいます。

佐藤　いま風のインテリジェンスの言葉でいえば、「カバード」ということになりますね。石光が身分を隠すために選んだ職業が実に面白い。洗濯屋ならロシア軍の士官もお得意さんで、彼らに接触もでき、動向も摑みやすい。

手嶋　いくら身分を隠しても、生命の危機に瀕したのは一度や二度ではなかったといいます。情報提供者たちも次々と命を落とすなか、石光はかろうじて生き抜いたのでした。

佐藤　石光が次に選んだ写真技師という職業も秀逸です。写真技師ならロシアの要人をお客にしても怪しまれません。日本の写真技術も存分に役立ちます。

手嶋　石光は、参謀本部の了解を得て、軍籍を抜いて写真館の経営者となります。一民間人に身をやつして、ハルビンに潜んだのです。佐藤さんはインテリジェンス・オフィサーの要諦を「嘘をつかず、約束を違えないことだ」と常々言っていますが、彼の人柄が現地の人々の信頼を得ることになります。ロシア軍将校からも頼りにされ、軍当局と東清鉄道の御用写真館として揺るぎない地位を築きあげていきます。ロシア軍相手の商売で多額の利益を上げたんだから見事ですよね。石光はその資金を元手に、満州全土に写真館の支店を拡げ、対露諜報網を着々と構築していったのです。

佐藤　当時の陸軍は、機密費をふんだんにもっていたのでしょうが、明治の武人は、自前で諜報資金を稼ぎだした。昭和の軍閥のように、アヘンに手を出すことなく、写真技師としてね。明治人らしい痛快な話です。

手嶋　石光は日露開戦のその日まで、満州各地の軍事施設や鉄道の路線図、物資の輸送能力に関する写真をはじめとして、貴重な情報を陸軍参謀本部へと刻々と送り届けたのです。石光チームがこのときカメラに収めた数々の軍事施設や要衝の映像は、精強を誇るロシア軍と戦うことになる明治陸軍の参謀本部に第一級のインテリジェンスを提供したのでした。

満州から日本に引き揚げると、石光は諜報活動の実績を買われ、第二軍司令部副官として、再び軍服を身につけて満州の前線に赴いたのです。前線の石光の脳裏に浮かんだのは、アムール川に投げ込まれた清国人の姿であり、祖国の人々を同じ目に遭わせてはならないという決意だったといいます。兵力も兵器も格段に優り、世界最強と謳われたロシア陸軍を相手にしたのですから。この戦いで、石光は親友を失い、兄と慕った恩人を失い、若い部下たちを死なせています。

佐藤　当時の陸軍参謀本部には、児玉源太郎大将をはじめ、豊かなインテリジェンス感覚を備えた逸材がそろっていました。石光がもたらした数々の貴重な情報を、戦局を読む拠り所にできたのでしょう。

手嶋　石光の生涯では、このハルビン時代がやはり最も光り輝いていたと思います。かれもまた「坂の上の雲」を見上げていたのです。

佐藤　かくして若き明治国家は、かろうじて日露戦争に勝利を収め、石光真清は日本に帰り東京で三等郵便局長となった。市井の人として静かな暮らしを始めている。ですが、一九一七年にロシアにボルシェビキによる革命が起こり、列強は赤色革命が波及することを恐れて翌年にはシベリアに出兵します。こうした情勢に突き動かされるように、希代のインテリジェンス・オフィサー石光は、再び満州の錦州で商品陳列館を開き、やがて参謀本部の強い要請でシベリアに赴いていきました。

手嶋　しかし、すでに時代は明治から大正に変わり、軍も巨大な官僚組織に変質し始めていました。もはや明治期のように、国家の命運と自らの理想をぴたりと重ね合わせることがかなわない時代となっていったのです。

ロシア革命の嵐が吹き荒れるなか、石光は予備役に編入され、陸軍の嘱託として再びブラゴベシチェンスクに拠点を構えます。そしてボルシェビキ過激派の指導者ムーヒン、彼と鋭く敵対する反革命派のリーダー、アレクセーエフスキー市長とも親密な関係を築きます。策を弄したわけではない。その誠実な人柄のゆえでしょう。また一般のロシア人や中国人とも親しく交わりました。

ただ彼らと信頼の絆を強めれば強めるほど、軍や国家との折り合いが難しくなっていきました。明確な国家戦略を描けないままシベリア出兵に踏み切った軍中央の意向と石光の志が次第に背馳《はいち》していった。日本という国家に、転落の兆しが見え始めていたのです。

佐藤　そう、石光真清という明治の溌剌とした精神を持つ人にとって、もはや現実と折り合いをつけていくことが難しくなっていった。それが時代に取り残されたアウトサイダーの繰り言などでなかったことは、その後、日本が辿った運命をみれば明らかでしよう。

謀略と諜報

手嶋　司馬遼太郎が『坂の上の雲』を新聞に連載した一九六八年から一九七二年は、日本を取り囲む国際環境は凪いで妙に穏やかな時代でした。オイルショックをまだ知らない日本は高度成長の果実を堪能し、経済大国への道をひた走っていました。

戦前の指導者たちが正義だとした戦争が無惨な敗北に終わったことで、国民は国家そのものに対して十全な信頼を寄せようとはしなくなっていました。その一方で、冷たい戦争を戦う西側陣営の盟主アメリカの傘の下にがっしりと組みこまれ、主権国家としての独自の行動は許されませんでした。こうした状況下で日本の若者たちは、国家というものに自らの命運をダブらせて考えることがまことに少なかったのです。

そうした時代に颯爽と現れたのが、『坂の上の雲』だった。明治という時代に生を享《う》けた若者たちは、誕生まもない国民国家に自らの軌跡をぴたりと重ね合わせて、何事かをなすことができました。司馬遼太郎は、そんな青春群像を活き活きと描いて、人々に新鮮な感動を与えたのでした。

佐藤　この作品には、ロシアの帝政に不満を抱く革命分子に資金を援助し、革命を背後から扇動したといわれる陸軍大佐・明石元二郎が登場します。

手嶋　しかし、明石元二郎と同じ時代を生き、しかもロシアの地で同じく情報活動に携わった石光真清は、ついに描かれることがありませんでした。この「忘れられたインテリジェンス・オフィサー」は、家族も栄達も擲《なげう》って、シベリアで黙々と若き明治国家が生き残るために身を捧げた軍人でした。司馬さんが、その存在を知らなかったはずはなかったと思いますが。

佐藤　『坂の上の雲』では、明石元二郎が対露謀略の元締めとして描かれているけれども、この時期の情報士官としては、石光真清のほうが圧倒的に質が高かったと思います。

手嶋　いま佐藤さんは、明石を「謀略の元締め」と表現し、石光を「情報士官」と、いみじくも述べましたね。謀略活動は、後の盧溝橋事件がそうであるように、工作を通じて歴史そのものの舵を切ろうとするもので、一方、インテリジェンス活動は、現状を精緻に分析することで近未来の出来事を読み抜こうとする営為です。この点で、両者の対比は興味が尽きませんね。

佐藤　明石元二郎がレーニンに会ったという話がありますが、確かな裏付けはありません。明石が葉巻を吸っていたらレーニンに説教されて、以後は安い煙草を吸うようになったというエピソードが、『坂の上の雲』にも描かれています。そもそも、明石がレーニンに会ったという傍証は、明石本人の発言以外にないんです。

実は十五年ぐらい前に、ロシア連邦公文書館のアルヒーフ（アーカイブ）から、帝政ロシア時代の明石元二郎の監視記録が見つかったんです。ロシアの歴史学者がこの資料をもとに、東洋学研究所から『日露戦争の秘密―ロシア側史料で明るみに出た諜報戦の内幕』（成文社）という本を出版しました。左《さ》近毅《こんたけし》さんという大阪市立大学のバクーニンの研究者で、ロシア語が抜群にできる人がその本を訳しています。ところが、そのなかにも明石がレーニンと出会ったという話は一切出てこないんです。

どうやら、明石ってひとは政治家であり、講談師でもあったんですね（笑）。インテリジェンス・オフィサーとして名前が残っている人には、講談師の要素が少なからずあったのでしょうが、石光真清にはそうしたヤマ師的な要素が驚くほど稀薄です。

手嶋　石光真清の手記として刊行された『城下の人』『曠野の花』『望郷の歌』『誰のために』の四部作は、先ほども話にあったように、公にすることを前提に書かれた手記ではありません。長男の石光真人さんが、蔵に残されていた記録を丁寧に整理して編集したものです。やはり「インテリジェンス・オフィサーは語らず」という系譜に属していた、寡黙の人だったと思います。

佐藤　これほど重要な任務を果たした人は、語らずともいい。でも、内々の記録は残しておかなければいけないんです。

手嶋　自らは自らのことを語らない。傑出したインテリジェンス・オフィサーは、確かに、何らかの形で記録は残しているものです。「命のビザ」の杉原千畝と「ヤルタ密約」電の小野寺信《まこと》も、夫人たちが記録を残しています。これも歴史への責任感なのでしょう。誰も見ていない。誰にも認められない。しかし、国家のために――。こうした気位の高さが、石光真清の手記からも匂い立ってきます。

佐藤　日本が日露戦争で勝利を収めた後に、国家の姿かたちが次第に歪んでいくさまを石光自身、哀しげに見つめている様子が、『誰のために』では読みとれますね。彼の深い絶望が伝わってきます。

手嶋　若き日の石光を下宿させた人物が、『ある明治人の記録―会津人柴五郎の遺書』（中公新書）で描かれた柴五郎です。会津の出身ながら、後に陸軍大将となる柴五郎は、日中戦争に突き進む日本を「負けます」と譲らなかったといいます。石光の心境と二重写しになってきます。この本の編著者が、石光真清の息子である真人なのは、決して偶然ではありません。

佐藤　インテリジェンス・オフィサーは本来、かなり高い倫理観がなければつとまらない。彼らは時に膨大な機密費を扱いますから、モラル（道徳性）とモラール（士気）がうんと高くなくてはいけません。

手嶋　そう、カネには魔力がありますからね。己が己を律する以外にないのです。柴五郎、石光真清、杉原千畝と続く人々に共通して流れているのは、自らに厳しく、功績を語らず、身辺もきれいだったことでしょう。

佐藤　確かにそうですね。杉原千畝も、政治的必要に迫られて「報告書」は書いているのですが、やはり自らをほとんど語っていませんね。肝心なところは、口を閉ざしたまま、この世を去っています。これは、インテリジェンス・オフィサーの気質の問題でもあるのかもしれません。気質といえば、石光の手記を読んで思ったのですが、西洋だったらこの人はスピノザですよ。スピノザのようにレンズを磨いていて、静かな生活を送っている。しかし自分で記録はきちんとつけていて、様々に思索は巡らしている。それに対して、白洲次郎や明石元二郎は、さしずめライプニッツでしょう。あっちこっちと動いて、膨張と収縮を繰り返す。非常に活動的でした。

手嶋　スピノザとライプニッツ。面白い見立てだなあ。どうやら僕はスピノザのようなタイプに心惹かれるようです。義和団事件で列強に「柴五郎あり」と言わしめた、柴五郎も大好きですね。石光真清の精神の師でもあったのですが、『ある明治人の記録』からは、その人柄がよく伝わってきます。会津藩士ですから、薩長の藩閥政府に燃えるような反感を持っており、いまなら反政府テロリストになってもおかしくないほど少年時代に辛酸をなめた人です。にもかかわらず、若き明治国家の命運に、わが身を投じて、軍人として自らを律していったのでしょう。写真を見ると溜息がでるほど意志的で立派な容貌です。彼らの血に流れているDNAが、いつの日か、この国に蘇ってほしいと心から願います。

佐藤　いまの日本の国は、まことに厳しい状況に置かれ始めていますから、いつか柴五郎のような逸材があらわれると信じたいですね。

中国版ゾルゲ事件

手嶋 本書ではインテリジェンスを縦軸に、尖閣問題を横軸に、東アジア情勢を読み解いてきました。われわれは時に、重要な問題で意見が違うことも多々ありますが、新興の大国・中国が、日本の領土である尖閣諸島を奪取しようと攻勢を強めていることでは、見解が一致していますす。そう言っていいですね。

佐藤 その通りです。共産党の一党独裁下にある現下の中国は、日本が実効支配している尖閣諸島を機会があれば奪おうと考えている、と受け止めるべきでしょう。

手嶋 佐藤さんも僕も、いわゆる中国脅威論者などじゃありません。僕などは、一九七一年、いまだ国交のなかった、米中接近さなかの中国を訪れて、周恩来総理と長時間にわたって会見したこともある、老朋友《ラオポンヨウ》のひとりです。ただ、力を背景としたいまの中国の対外政策を、到底容認するわけにはいきません。

佐藤 私がいま、最近の中国の動向で非常に心配しているのは、朱建栄事件ですよ。これまで日本で様々な発言をしてきた中国人研究者の朱建栄さんが、二〇一三年七月十七日に中国に行ったきり、突然連絡が取れなくなってしまった。どうやら国家安全部の手にあるという情報が伝わってきています。真相はまだよく分からない。九月十一日になってようやく、中国外務省の副報道局長が「朱建栄は中国国民であり、中国の法を守る必要がある」と述べ、事実上、身柄を拘束していることを認めました。産経新聞の取材には、容疑が固まり次第逮捕すると話しています。なぜこのタイミングで発表したのか。この日が尖閣国有化一周年に当たるためですよ。

手嶋　朱建栄さんの拘束には、どうも腑に落ちない点が数多くあります。僕もアジア情勢の討論で時折ご一緒したことがあるのですが、どちらかというと、中国政府の見解を擁護する論陣を張っていました。アンチ中国の論者なら拘束されるのも分かりますが、どうも謎が多い。

佐藤　そう、中国当局はなぜ朱建栄さんを拘束したのか。公安当局の本当の標的は、朱建栄さんじゃない。中国外交部だと見ています。

手嶋　日本風にいうと中国外務省ですね。

佐藤　そうです。朱建栄さんは日本のスパイで、中国外交部に日本のスパイが浸透しているというのが、国家安全部の理屈なんです。中国外交部は「尖閣棚上げ論」などという腰抜けの提案を持ち出し、日本に媚びへつらっている。朱建栄さんは日本の大学に留学し、日本人女性と結婚し、日本に長く住んで日本の大学で教えている。そういう中国知識人は朱建栄さん以外にもたくさんいる。そんな連中は信用できないと国家安全部が考えているんです。

手嶋 中国はいまや「海洋強国」を新しい国家目標に掲げています。海洋権益の象徴である尖閣問題で妥協しようとする宥和派に鉄槌をくだそうとしているわけですね。

佐藤 海洋戦略は、これからの中国にとって死活的に重要な問題ですからね。だから、中国の国益を保全できないような連中に対外政策を全て委ねるのではなく、軍と国家安全部、そしてインテリジェンス部門が主導権を握るべきだと考えているんです。これは一種の権力闘争とみるべきでしょう。ある中国人の親しい人間に連絡したら、「朱建栄さんはやっぱり挙動がおかしかった」とか「尖閣問題が起きてから軍に関する情報にひどく関心を持った」とか言うんです。スパイ説に与する流れになっている。

手嶋 朱建栄さんは当局に拘束されても、彼らの意に沿った自白をしていない様子ですから、拘束は長引くかもしれませんね。

佐藤 どうなるかは予断を許しません。公安当局は捕まえたスパイに対して、「今後は国家安全部に全面協力します。日本に戻って日本の秘密を定期的に送ります」というような誓約書を書かせるそうです。朱建栄さんにも同じことを書かせようとしたのでしょう。しかし、朱建栄さんは自白もせず、協力も拒否したようです。拒否したからには、見せしめ的に裁判にかけられるでしょう。

手嶋　日本との関係を何とか安定軌道に乗せたいと考えている中国の宥和派を牽制しようという狙いが、今度の事件の背景にあるのですね。

佐藤　これによって、日本に暮らす中国人に、そして何より中国外交部に、それに伴って日本外務省にも「対日外交の主導権は国家安全部と軍がとる」という暗示的なメッセージを送っているんです。中国外交部は今後、日本人と微妙な問題に触れるやり取りをするための接触を過度に恐れるでしょうね。ゾルゲ事件と似たような構図です。

手嶋　リヒャルト・ゾルゲは、日米開戦に至るまでアジアで活躍した伝説的なスパイでした。ゾルゲは、ソ連の赤軍参謀本部第四部の諜報員だったのですが、同時に、ナチスの私設諜報員の顔も持っており、オイゲン・オット駐日ドイツ大使の厚い信頼を勝ち得ていました。

佐藤　中国側に言わせれば、朱建栄さんが中国政府の立場を擁護する発言をしていたのは、本当は日本のスパイだったのに、それを隠すためだったというものです。ゾルゲがナチス党に偽装入党していたのと同じという理屈なのです。もちろん、日本からすれば、朱建栄さんのような人を使ってスパイ活動を指揮できるような体制もスキームもありません。完全なでっち上げですよ。

手嶋 朱建栄事件は、いまの日中間で現実になにが起きているかを知る上で、見逃せません。人件費が安いからと言って、中国への工場移転を考える経営者は、さすがにもういないと思いますが、中国に従業員を送る際には十分心したほうがいい。公安当局に眼をつけられる潜在的な危険を抱え込むことだと肝に銘じるべきでしょう。

佐藤 朱建栄さんを「運営」していた日本外務省幹部がいるというストーリーを、国家安全部は作っている。すでに標的は決まっている。中国側は、そういう情報を段階的にリークし始めているんです。同時に、朱建栄さんだけでなく、日本に定住している中国人が中国に一時帰国した際に、スパイとして捕まえられる可能性もある。つまり、日本におけるスパイ事件が連続してでっち上げられる危険があるということです。

手嶋 日本語を自由に操る中国の外交官のなかにも、悪くなりすぎてしまった日中関係に危機感を持っている人は少なからずいます。ただ、彼らが日本側と連携して、具体的な行動を起こすような情勢ではありません。

佐藤　中国の強硬派から、中国外交部は弱腰で、日本のスパイのようなものだと言われていますからね。ちょうど、日本の外務省というのは弱腰で、チャイナ・スクールは中国のスパイだと言われているのと同じです。本来であれば、そうした疑いを払拭するためにも、日本外務省と中国外交部は手を組んで、スパイ事件をでっち上げようとする連中を排除していかなくてはいけない。ところが、そこまでの信頼関係を築きあげられていないんです。中国外交部は、自分たちに疑いがかからないように、見て見ぬふりを決め込んでいる。

手嶋　うーん、危機的な情勢です。それほど脆《もろ》い信頼関係では、互いに手を携えて尖閣問題というトゲを抜くことは到底できません。

佐藤　朱建栄さんさえ救えない日本の外務省と中国の外交部に、尖閣問題を処理できる胆力と能力があるとは思えません。

手嶋　しかし、この朱建栄事件が何を意味するのか、雑多なインフォメーションの海から精緻なインテリジェンスを紡ぎ出して、日本の政治指導部に報告する機能が、いまの日本には危険なほど欠けています。

佐藤 ええ、全くないわけです。中国の公安・情報当局は、日本のメディアを巧みに使い分けています。情報を段階的にリークしていく。まず上海の時事通信に、その次に朝日新聞と産経新聞に、そしてその後、さらに深い情報を共同通信と産経新聞に流した。少しずつ、あちこちの日本のメディアに情報を出していますが、その司令塔は一つなんです。そのインテリジェンス戦略には侮りがたいものがあります。

台湾有事と尖閣有事

手嶋 日米同盟とはつまるところ、二つの究極の有事に備えた安全保障上の盟約です。台湾の有事と朝鮮半島の有事がそれです。そのいずれにも、中国が深く関わっています。しかし、二つの有事は、まったく異なる性格をもっています。

現在の中国は、朝鮮戦争のときのように、北朝鮮の安全保障を自国にとって死活的なものとは考えていません。従って、朝鮮半島を巡って米中両大国が軍事力で相まみえる可能性はもはやないといっていいでしょう。しかし、台湾有事は違います。中国政府が密接不可分の一省だと主張している台湾が、独立に傾くようなことがあれば、中国の指導部は何のためらいもなく、人民解放軍に台湾海峡を渡るよう命令するでしょう。台湾有事が現実になれば、アメリカ政府は、台湾防衛のために第七艦隊を急派し、沖縄の海兵隊を投入する構えを見せるでしょう。いま台湾海峡は、全地球規模の有事の可能性を秘めたただ一つの地域であり、米中というスーパー・パワーが軍事的に衝突する危険を孕んだ地域なのです。

佐藤　尖閣問題とは、台湾有事の一つの変形と考えるべきです。すでに他国が実効支配しているにもかかわらず、中国が強硬に領有権を主張する構図がそっくり同じだからです。東アジア政局における導火線は、尖閣諸島がある南西諸島から台湾にいたる線なんです。

手嶋　中国側が一九八〇年代から公海上に「第一列島線」と呼ぶラインを勝手に引いて、中国大陸寄りの海域を内海扱いしている構図と重なります。

佐藤　中国政府は、尖閣諸島は北京政府の実効支配が及んでいない台湾省に属するという形で一応、軟着陸していることを考えると、日本も同じように沖縄県の問題として帰結させた方が、解決は早いかもしれません。つまり日本が連邦制になれば、領土問題はいまよりぐんと解決しやすくなるはずです。日本も憲法を改正して、沖縄は沖縄で、北海道は北海道で、東京は東京で、それぞれが独立した連邦国家になったとしましょう。そうなれば、領土問題も国全体の問題だけではすまず、連邦構成国の地域主権と絡んだ問題になる。尖閣諸島についても、那覇と福州（福建省）と台北の三者の話し合いになります。海上事故防止や漁業権の交渉など、現実的な議論ができるようになる。尖閣諸島への上陸が大きな問題になるのは、そこに国家の主権が絡んでいるからです。それが二の次になれば、問題解決は意外と簡単になるかもしれない。

手嶋　連邦制ですか。大胆な発想の転換で、日中間のトゲを抜こうというわけですね。

佐藤　領土問題のような懸案は、それがどうやって起きたのかという起源を見れば、そこに解決のヒントが潜んでいるものです。実は一九七〇年代に尖閣問題が持ち上がるまで、あくまで当事者は、台湾と沖縄でした。台湾の不法入域や領有権の主張に対抗し、「尖閣諸島は日本固有の領土だ」と当時の琉球政府が論理を組み立てたんです。ただ琉球政府は当時、アメリカの施政権下にあり、外交権を持っていなかった。それだから琉球政府が、日本政府に沖縄の利益を代弁してくれと要請したのです。こうした経緯があるにもかかわらず、安倍政権は地元の漁民の意向を無視したかたちで、台湾との漁業協定をダイレクトに作ってしまいました。これに地元は怒っているわけです。

手嶋　地元の方々の怒りは理解できますが、尖閣諸島の領有権をめぐって、日本、中国、台湾が、三つ巴で対立する構図は、日本としては避けたいところです。その点では、安倍政権が一挙に、台湾側と漁業交渉をまとめあげたことはよかったと思います。

佐藤　日本政府はこれまでも、地元の意向を汲んで交渉に反映させるデリカシーを持ち合わせないやり方で失敗をしてきました。もういいかげんに、これらの交渉から中央政府は手を引いたほうがいいと思うんですよ。

手嶋　いや、地元沖縄の意向は丁寧に聞くべきですが、日本と台湾の漁業交渉がまとまったことに、中国側はかなり慌てていますからそれだけでも、安倍外交の成果だと思います。

佐藤　確かに手嶋さんのおっしゃる通り、日中の中央政府レベルで見るならば、これは日本外交の大きな勝利です。しかし、そのために沖縄の中央政府に対する不信を深め、日本から引き離す遠心力をつけてしまった。この点について、首相官邸や外務省が充分な認識を持っていない。このことが今後、日本の国家統合を揺るがす危険をもたらします。

沖縄の状況を読むにあたっては、一九九三年に連邦制に移行したベルギーの例が一つのヒントになります。ベルギーでは長年、北部のオランダ語圏と南部のフランス語圏をめぐって、国内で分離独立運動が続いていました。ただ、日本ではあまり報じられていないのですが、二〇一三年七月に国王が代替わりしたことをきっかけに、分離主義が非常に強まっています。

手嶋 ベルギー、オランダ、ドイツの国境が接するマーストリヒトにわりと近い、西ドイツの暫定首都ボンに住んでいたので、オランダ語圏とフランス語圏の微妙な感情的対立について雰囲気はわかるのですが、双方の対立がそこまで激化しているとは不覚にも知りませんでした。

佐藤 こうした情勢下で、ベルギー新国王に求められるのは、分離独立派にどれぐらいの配慮ができるかということです。ベルギーの情勢とのアナロジー（類比）で、沖縄の今後について予測する思考実験が必要です。今上陛下は、沖縄の文化に大きな関心を寄せておられます。皇太子時代に本格的に琉歌を勉強されました。和歌が五・七・五・七・七で構成されているのに対して、琉歌は「サンパチロク」という八・八・八・六で成り立つ韻文です。相当訓練しないと、日本語を常用する人が琉歌を詠むことはできない。琉歌がわかれば、沖縄人の持つリズム、そこから沖縄の内在論理がわかります。沖縄が日本の一つの県にとどまることができているのは、今上陛下の御努力によるところが大きい。しかし、この現実を理解している有識者があまりに少ないのは、残念なことです。ベルギーのように、国家統合を揺るがす事態が日本で起きる可能性があると私は思っています。

手嶋　その点で、新しい帝国主義論を唱える佐藤さんは、これからの日本が分離独立の傾向を強める沖縄をつなぎ止めて、統合しておくことができるか、と問うているのですね。佐藤さん流の用語で表現すれば、新しい帝国としての日本が、二十一世紀になお統合を保っていけるかどうかのキー・エレメントは沖縄だ、というわけですね。

佐藤　第三者の目から見れば、沖縄は内国植民地なわけですよ。でも従来の植民地の考えを払拭し、内国植民地をいかにして安定的に統合しておけるか。まさしく新しい帝国としての真価が問われているのです。

手嶋　いま中国は、台湾を中華人民共和国の密接不可分の一省だと主張し、その延長線上で尖閣諸島の領有権を声高に叫び、沖縄の分離独立を促しています。日本も、アメリカも、この地域が東アジア政局の要だと考えるなら、普天間基地の辺野古への移設を強行して沖縄の人々の心を本土の政府からいたずらに引き離すべきではないと思います。

佐藤　いまこそ台湾と沖縄が海洋を介して時に連携し、新しい安全保障のあり方を議論するという構図が、この上もなく重要ですね。それとともに、手嶋さんがおっしゃるように、普天間飛行場の辺野古移設はあきらめるべきです。インテリジェンスは国家のために存在します。日本の国家統合を揺るがすような事態を、どのように現実的に避けるかということに、もっと知恵を絞らなくてはならないと思います。

おわりに

インテリジェンスには、教育と訓練によって習得することができる技法に関する部分と、それでは処理できない残余の部分がある。この残余の部分にインテリジェンスの神髄がある。この部分を処理するためにはアート（芸術）に通じる天賦の才が必要とされる。

手嶋龍一氏は、日本初のインテリジェンス小説『ウルトラ・ダラー』（新潮文庫）においてアートの手法を用いて、北朝鮮による偽ドルと兵器ビジネスの闇を明らかにした。それと同時に、日本の対北朝鮮外交をめぐる宿痾《しゅくあ》を鋭く抉り出した。

日本の外務官僚には、偏差値秀才が多い。北朝鮮の拉致問題や北方領土問題の解決に向けて、わが国益のために命を捧げているという心構えで仕事に取り組んでいる人も少なからずいる。しかし、本人が主観的にいくら思い詰めても、インテリジェンスの文法を知らずに北朝鮮やロシアの懐に飛び込んでいくと、大火傷をする。そして、日本の国家益と国民益を毀損する。

手嶋氏はこの問題を『ウルトラ・ダラー』『スギハラ・サバイバル』では小説の形態で表現し、『インテリジェンスの賢者たち』『宰相のインテリジェンス―9・11から3・11へ』（いずれも新潮文庫）では、ノンフィクションで展開した。手嶋氏がNHKから作家としての活動を本格化したことによって、日本のインテリジェンスは質的に新しい段階に入った。さらに手嶋氏は、慶應大学大学院で教鞭を執る中で、インテリジェンス・リテラシーを持った若い世代のエリートの養成にも精力的に取り組んでいる。数年後にはその結果が目に見える形で表れると思う。

私は、外務省で現役だった頃から手嶋氏と面識を持っていた。当時は、政治的、さらに外務省内ネットワークの絡みでお互いの立ち位置が違っていたので、現在のように虚心坦懐に語りあうということはなかった。

ただし当時から私は、手嶋氏が職業的に信頼できる人であると認識していた。北方領土交渉に関する外務省の秘密会議で、私は手嶋氏について「あの人は約束を守ります。もっとも、軽々には約束をしません。約束をしていないところでは、自由に行動します。決して警戒心を怠ってはなりません」と何度か発言した。

こういう認識は相互的なので、当時は手嶋氏も私のことをかなり警戒していたと思う。しかし、手嶋氏は、鈴木宗男事件に私が連座して、徹底的なメディアバッシングにさらされたとき、私を叩くようなことはしなかった。これも手嶋氏がインテリジェンスを扱う専門家としての職業的良心に忠実な人だからだ。

手嶋氏との共著は、二〇〇六年の『インテリジェンス―武器なき戦争』(幻冬舎新書)、二〇一二年の『動乱のインテリジェンス』(新潮新書)に続き、これで三冊目だ。毎回、手嶋氏の情報、洞察そして愛国心から多くを学んでいる。この共同作業を今後も続けたい。

佐藤　優

手嶋龍一　1949年生まれ。作家・外交ジャーナリスト。『ウルトラ・ダラー』『ブラック・スワン降臨』等著書多数。

佐藤優　1960年生まれ。作家。元外務省主任分析官。『国家の罠』『自壊する帝国』『人に強くなる極意』等著書多数。

Ⓢ新潮新書

551

知《ち》の武装《ぶそう》

救国《きゅうこく》のインテリジェンス

著者　手嶋龍一《てしまりゅういち》　佐藤《さとう》　優《まさる》

2013年12月20日　発行
2014年1月20日　5刷

発行者　佐藤隆信

発行所　株式会社新潮社

〒162-8711　東京都新宿区矢来町71番地
編集部(03)3266-5430　読者係(03)3266-5111
http://www.shinchosha.co.jp

印刷所　株式会社光邦

製本所　憲専堂製本株式会社

ISBN978-4-10-610551-7 C0231

価格はカバーに表示してあります。